V&R

Dienst am Wort

Die Reihe für Gottesdienst und Gemeindearbeit

109
Schulgottesdienste

Vandenhoeck & Ruprecht

Schulgottesdienste

Manfred Karsch
Christian Rasch (Hg.)

Mit 12 Abbildungen

Vandenhoeck & Ruprecht

Bibliografische Information der Deutschen Bibliothek

Die Deutsche Bibliothek verzeichnet diese Publikation in der
Deutschen Nationalbibliografie; detaillierte bibliografische Daten sind
im Internet über <http://dnb.ddb.de> abrufbar.

ISBN10: 3-525-59517-4
ISBN13: 978-3-525-59517-6

Umschlagabbildung: Jürgen Escher

Printed in Germany.
Satz: weckner media+print GmbH, Göttingen
Druck und Bindung: ⊕ Hubert & Co, Göttingen

Gedruckt auf alterungsbeständigem Papier.

Vorwort: Die Mitte finden

Die gegenwärtige Situation der Schulgottesdienste spiegelt sich in zwei gegensätzlichen Erfahrungen wider, die uns – Schulreferentinnen und Schulreferenten aus den Kirchenkreisen der Evangelischen Kirche von Westfalen – erreichen:

Zum einen berichten Schulleitungen, Religionslehrkräfte und Gemeindepfarrer von der schwindenden Akzeptanz von Schulgottesdiensten gerade auch dort, wo sie traditionell im Schulalltag verankert waren. Abnehmende Gottesdiensterfahrung nicht nur von Schülerinnen und Schülern, sondern auch von Lehrerinnen und Lehrern, mangelnde Kompetenzen im Umgang mit Ritualen und Liturgien, der multireligiöse Hintergrund des Einzugsbereichs der Schule und damit zusammenhängend der Verlust der konfessionellen Eindeutigkeit des Religionsunterricht machen es der Gestaltung eines Gottesdienstes der *Schulgemeinde* schwer.

Zum anderen erreichen uns immer wieder Anfragen – ebenso von Schulleitungen, Religionslehrkräften und Gemeindepfarrern – nach einem *Neuanfang mit dem Schulgottesdienst,* Möglichkeiten der Verankerung des Schulgottesdienstes in Schulprogrammen und Schulprofilen auch dort, wo sich Schulen nicht in kirchlicher Trägerschaft befinden oder von ihrem Ursprung her evangelische Bekenntnisschulen sind.

Die erste Erfahrung hängt nicht selten mit der geschichtlichen Last der Schulgottesdienste als *Kirche in der Schule* zusammen, verbunden mit Teilnahmeverpflichtung und Orientierung der Liturgie und Verkündigung am Sonntagsgottesdienst der Kirchengemeinde. Die zweite Erfahrung bezieht sich auf die Wiederentdeckung der Schule als Lern- und Lebensraum, in dem zwar Unterricht zu den Kernaufgaben von Schule gehört, die Gestaltung dieses Lern- und Lebensraums jenseits von Unterricht aber ein entscheidender Beitrag zum Bildungs- und Erziehungsauftrag von Schule gehört und damit zur Qualitätsentwicklung beiträgt. Schließlich ist damit verbunden auch die *Wiederentdeckung evangelischer Spiritualität,* die gerade durch Gottesdienste wie die *Thomasmessen* die Grenzen der parochialen Gottesdienstgestaltung überspringt und als Angebot für Zweifler konsequent Liturgie und Verkündigung auf der einen Seite, den einzelnen Gottesdienstbesucher mit seinen Fragen in seiner jeweiligen Lebenssituation auf der anderen Seite in ein komplementäres Verhältnis setzen.

Viele neuere Entwürfe von Schulgottesdiensten haben diesen Perspektivwechsel längst vollzogen. Die hier vorgelegten Gottesdienstentwürfe möchten diesen Schritt konsequent weitergehen: Schulgottesdienste sind nicht nur im rechtlichen Sinne Veranstaltungen der Schule. Schulgottesdienste sind pädagogisch und theologisch vom Bildungsauftrag der Schule her zu denken und zu verantworten. Zum Bildungsauftrag der Schule gehört die religiöse Bildung. Der Erwerb religiöser Kompetenzen, wie er in der Formulierung von Bildungsstandards als Ziel religiöser Bildung gegenwärtig bestimmt wird, ereignet sich nicht nur in einem auf dieses Ziel ausgerichteten didaktisch und methodisch verantworteten Religionsunterricht, sondern diese Zielperspektive bedarf des praktischen Vollzugs in Liturgien und Ritualen. Schulgottesdienste sind damit nicht vom kirchlichen Bedarf her zu begründen, sondern von den Bedürfnissen derer, die im Lern- und Lebensraum Schule zusammenleben und zusammenarbeiten. Das schließt die Zusammenarbeit mit den örtlichen Pfarrerinnen und Pfarrern nicht aus. Als am Schulgottesdienst Beteiligte sollte ihnen aber deutlich sein, dass sie damit den Ortswechsel vom *Lernort Gemeinde* zum *Lernort Schule* vollziehen. Ob deshalb das Kirchengebäude allein Ort des Schulgottesdienstes sein sollte, mag von Fall zu Fall zu entscheiden sein. Als Herausgeber dieser Schulgottesdienste plädieren wir dafür, vermehrt nach den Möglichkeiten in den Räumen der Schulen selbst zu suchen. Zunehmender Ganztagsbetrieb steigert die Nutzung und Funktionalität solcher Räume, in denen *Spiritualität im Alltag* der Schule wachsen kann. Damit verbunden ist auch ein Plädoyer für die *kleinen Formen:* Auch bei Gemeindegottesdiensten sind Veranstaltungen mit großer Teilnehmerzahl längst die Ausnahme. Die kleine Zahl soll nicht Anlass zur Resignation sein, sondern Ermutigung, dem Einzelnen und seinen Bedürfnissen Raum und Zeit zu geben. Schulgottesdienste als *Zielgruppengottesdienste* (für eine Jahrgangsstufe, für eine Zielgruppe in einer besonderen Situation, als Klassenandacht unter aktueller Fragestellung) haben unseres Erachtens die Zukunft gegenüber einem *Gottesdienst für alle*. So kann selbst ein Klassenraum mit wenigen Handgriffen der Umgestaltung Erfahrungen evangelischer Spiritualität vermitteln. Wenn in diesem Zusammenhang die Konfessionalität eines Schulgottesdienstes betont wird, so schließt das die Einladung und Teilnahme von Schülerinnen und Schülern anderer Konfessionen und Religionen nicht aus, ebenso die Durchführung interreligiöser Schulfeiern. Dialogfähigkeit und Toleranz gehören zu den gegenwärtigen und zukünftigen religiösen Kompetenzen, setzten aber gerade die Kenntnis und Teilnahme am je eigenen religiösen Ritual voraus. Dieses Vorwort und die einleitenden Texte zu den drei Abschnitten dieses Bandes in der Reihe *Dienst am Wort* möchten deshalb auch als Versuch verstanden werden, Grundzüge einer *Didaktik des Schulgottesdienstes* vorzulegen. Nur wenn es gelingt, Schulgottesdienste nicht vom Bedarf christlicher Traditionsvermittlung, sondern vom Bedürfnis nach Lebensorientierung der in Schule Lernenden und Lehrenden zu begründen und von diesem Ansatz dann christliche Themen und Texte zur Sprache zu bringen, werden sie langfristig die Akzeptanz derer finden, die Schule als Bildungsraum gestalten. Auch aus diesem Grund beginnt die Reihe unserer Gottesdienstentwürfe nicht mit einem Gottesdienst für Schülerinnen und Schüler, sondern mit einer Andacht zum Schuljahresbeginn für Lehrerinnen und Lehrer. Es kann damit deutlich werden, dass die Akzeptanz von Schulgottesdiensten im Kollegium der Lehrerinnen und Lehrer dann geweckt und gefördert werden kann, wenn sie selbst einen solchen Zugang zu Ritualen und Liturgien finden, sie evangelische Spiritualität selbst für ihre Arbeit und ihren Bildungsprozess als förderlich erfahren.

Auf dem Buchumschlag kniet eine Grundschülerin im Klassenraum, der für einige Zeit zu solch einem Gottesdienstraum geworden ist, in der Mitte einer Kopie des Labyrinths von Chartre, zu der man von außen nach langen Umwegen kommen kann. Das Mädchen hat seine Mitte gefunden! *Die Mitte finden* ist das Grundmotiv, das die unterschiedlichen Gottesdienstentwürfe verschiedener Autorinnen und Autoren dieses Bandes miteinander verbindet. Denn diese symbolische Deutung der Lebenssituation von Schülerinnen und Schülern im Lebensraum Schule zieht sich als roter Faden durch die vorgelegten Gottesdienste, die an und mit unterschiedlichen Schulen aller Schulformen entstanden sind. Daraus ergibt sich ein Dreischritt:

Der Lebensweg von Schülerinnen und Schülern verläuft zunächst entlang der Linien, die der Wechsel der Schulformen und Schulstufen in unserem Bildungssystem vorgibt. Der Lebensweg orientiert sich zweitens am Rhythmus des wöchentlichen Schulalltags und den glücklichen wie schmerzhaften Erfahrungen in einer Gemeinschaft von Lernenden und Lehrenden. Dazu gehören auch die einschneidenden Erlebnisse, die lokale Situationen wie Welt umgreifende Ereignisse in den Schulalltag tragen. Der Lebensweg der Schülerinnen und Schüler spiegelt sich drittens in Erfahrungen, die sich in kirchenjahreszeitlichen Anlässen niedergeschlagen haben. In allen drei Zusammenhängen ergeben sich immer wieder Schnittstellen, Übergangs- und Überhangssituationen, Tiefenerfahrungen und Höhenerlebnisse, die in den Gottesdiensten reflektiert, symbolisch zur Sprache gebracht werden und mit Texten und Themen der christlichen Tradition ins Gespräch gebracht werden. Aus diesen drei Zusammenhängen ergibt sich der Weg durch die hier vorgelegten Gottesdienstentwürfe.

Als Herausgeber dieses Buches danken wir den Kolleginnen und Kollegen aus den Schulreferaten, Schulen und Kirchengemeinden für ihre Mitarbeit.

Besonders widmen möchten wir dieses Buch Herrn Udo Theissmann, der als Leitender Regierungsschuldirektor bei den Bezirksregierungen Detmold und Münster und zuletzt auch Arnsberg ein wichtiger

Gesprächspartner und Ansprechpartner für die Schulreferentinnen und Schulreferenten in die Kirchenkreisen der Evangelische Kirche von Westfalen, Religionslehrerinnen und Religionslehrer ist. Die Stärkung des protestantischen Profils des evangelischen Religionsunterrichts liegt ihm besonders am Herzen. Wir hoffen, dass er in unseren einleitenden Texten und Gottesdienstentwürfen einige seiner religionspädagogischen Positionen wieder finden kann. Udo Theissmann wird im September 2006 in den Ruhestand verabschiedet.

Manfred Karsch
Christian Rasch

Inhalt

II. Auf dem Weg mit den Erfahrungen des Schulalltags

III. Auf dem Weg mit Stationen des christlichen Glaubens

I.

*Auf dem Weg durch
die Schule*

Manfred Karsch

Einleitung

An den Übergangssituationen der Bildungsbiografie begleiten

Unser bundesdeutsches Schul- und Bildungssystem ist darauf angelegt, dass ein Schüler oder eine Schülerin mindestens vier Mal auf Situationen trifft, in denen er oder sie den Übergang zu einer nachfolgenden Bildungseinrichtung erfährt. Es geht dabei jeweils um Einschulung bzw. Schulentlassung aus der Grundschule und den sich dann differenzierenden Schulformen der Sekundarstufe I. Nimmt man den Anfang und das Ende der Kindergartenzeit und die Bildungsgänge der Sekundarstufe II hinzu, erhöht sich diese Zahl bereits auf Acht. Weitere Ausbildungszeiten mit Anfangs- und Abschlusssituationen schließen sich an, so dass in unserem Bildungssystem Bildung und Ausbildung vom Einzelnen als Kommen und Gehen durch eine Vielzahl von Bildungseinrichtungen hindurch erfahren wird. Damit verbunden ist der Wechsel von Räumen und Orten, das Kennenlernen und das Abschiednehmen von Mitlernenden, Lehrenden und Ausbildungskräften. Diese Übergänge werden als *Sollbruchstellen im Bildungssystem* wie in der individuellen Bildungsbiografie wahrgenommen. Damit verbunden sind große und kleine Lebenskrisen, in denen sich die Frage nach dem Sinn und der Bedeutung des individuellen Lebens im Gesamtgefüge des sich verändernden sozialen Umfelds stellt. In der Pädagogik und Religionspädagogik wächst deshalb die Einsicht, dass sich das in der Entwicklungspsychologie und Soziologie des vergangenen Jahrhunderts geprägte Paradigma von der Bildung einer stabilen Identität im Jugendalter im Zeitalter der Spätmoderne oder Postmoderne aufgelöst hat und die Aufgabe der Selbstkonstruktion sich für den Einzelnen auch auf andere Lebensphasen ausweitet hat.[1] Biografische Selbstkonstruktion wird vom Einzelnen als lebenslanger Prozess verstanden und erfahren, in dem dem Einzelnen die Aufgabe zukommt, *Identität als Einheit des Heterogenen* zu erfassen und damit die Erfahrung postmoderner Wertevielfalt für die eigene Person nicht zur Beliebigkeit werden zu lassen.[2]

---

1 Siehe z.B. Friedrich Schweitzer, Postmoderner Lebenszyklus und Religion. Eine Herausforderung für Kirche und Theologie, Gütersloh 2003.
2 Manfred Karsch, Identität als Einheit des Heterogenen, Bochum 2003.

Die Erfahrung von Unsicherheit und Brüchen in den biografischen Übergängen wächst deshalb gegenüber der durchweg positiven Erfahrung, an einem Ziel angekommen zu sein, etwas erreicht zu haben und nun mit dem Erreichten einen Schritt weiter gehen zu können. Denn die Sollbruchstellen im Bildungssystem werden zunehmend nicht als lückenlose Übergänge begriffen, sondern vermehrt als Umbrüche und Abbrüche in der eigenen Biografie und im sozialen System. Für Schülerinnen und Schüler wird darüber hinaus die Notwendigkeit biografischer Selbstkonstruktion in der Risikogesellschaft (Ulrich Beck) spürbar in der zunehmenden Entwertung von Schul- und Bildungsabschlüssen. Schulabschlüsse stellen nicht mehr den sofortigen Einstieg in weitere Ausbildungs- und Studiengänge sicher, Zeugnisse sind manchmal nicht mehr wert als das Papier, auf dem sie stehen.

Den Schulgottesdiensten an den Sollbruchstellen der Bildungsbiografie kommt deshalb eine besondere Bedeutung zu. Sie sind mehr als ein feierlicher Beginn oder Abschluss der gemeinsamen Schulzeit. Gerade an diesen Übergangssituationen macht sich der traditionelle *Sitz im Leben* und die Erwartungen an Schulgottesdienste fest und entsprechend richtet sich die Nachfrage von Seiten der Schule an Pfarrerinnen und Pfarrer. Dies betrifft vor allem den Bereich der Grundschule, deren Einzugsgebiet häufig innerhalb einer Parochie liegt. In den Sekundarstufen I/II schwindet die Beziehung zur Ortsgemeinde. Hinzu kommt, dass Schulen vermehrt vor der Frage stehen, wie bei Gottesdiensten zur Einschulung und Schulabschluss mit Schülerinnen und Schülern und deren Eltern zu verfahren ist, die nicht oder nicht mehr einer christlichen Kirche angehören. Deshalb wächst die Notwendigkeit auf Seiten der in den Kirchengemeinden Verantwortlichen, sich gegenüber den Schulen als Anbieter eines Schulgottesdienstes anlässlich von Schulfang, Schulwechsel und Schulabschluss darzustellen. Der Freiwilligkeitscharakter der Teilnahme an Schulgottesdiensten muss bewahrt werden. Des ungeachtet kann eine *Einladung an alle* ergehen. Damit kommt dem Schulgottesdienst aus diesen Anlässen eine ähnliche Bedeutung zu, wie den Kasualgottesdiensten der Kirchengemeinden anlässlich Taufe, Konfirmation, Trauung und Beerdigung, in denen längst nicht mehr davon ausgegangen werden kann, dass alle Teilnehmenden einer christlichen Kirche angehören. Es erweist sich deshalb als sinnvoll, diese Schulgottesdienste konsequent als Kasualgottesdienste zu definieren und zu gestalten und damit den Kasus, den Anlass, in den Mittelpunkt des Gottesdienstes zu stellen. Der Versuch, diese Schulgottesdienste als missionarische Gelegenheit gegenüber jenen Kirchenfernen, die ein Pfarrer oder eine Pfarrerin sonst nicht unter der Kanzel findet, zu ergreifen, sollte als verfehlt angesehen werden. Den *Kasualien Schulanfang, Schulwechsel, Schulabschluss* kommen vielmehr eine grundlegende seelsorgerliche Dimension als Übergangsriten zu, mit der die Übergangssituationen in der Bildungsbiografie begleitet und begangen werden. Mit Wilhelm Gräb sind dabei „Kasualien als Gelegenheiten lebensgeschichtlicher Sinnarbeit"[3] zu verstehen, in denen von Seiten derjenigen, die diese gottesdienstlichen Gelegenheiten schaffen, eine „sinn- und identitätsstiftende Arbeit an Lebensgeschichten"[4] geleistet wird. Biblische Texte, in denen sich die sinn- und identitätsstiftende Erfahrung vergangener Generationen von Christinnen und Christen im Umgang mit dem christlichen Glauben niedergeschlagen haben, erweisen dabei als Instrumente, mit denen diese Arbeit geleistet werden kann. Eine Hermeneutik, die weniger rekonstruktiv den Bibeltext sondern primär applikativ[5] die Situation der Schülerinnen und Schüler in ihren jeweiligen Übergangssituationen und Übergangskrisen in den Blick nimmt, dürfte dabei die Verwendung biblischer Text bestimmen. Schulgottesdienste als Kasualgottesdienste leisten damit ihren entscheidenden Beitrag zur Bildungsbiografie der Schülerinnen und Schüler.

3 Wilhelm Gräb, Lebensgeschichten – Lebensentwürfe – Sinndeutungen. Eine Praktische Theologie gelebter Religion, Gütersloh [2]2000, 188.
4 Gräb, Lebensgeschichten, 188.
5 Zur Unterscheidung von rekonstruktiver und applikativer Hermeneutik vgl. Manfred Karsch, Identität als Einheit des Heterogenen, a.a.O., 289.

Christian Rasch

Schulbeginn im Lehrerzimmer

Fülle die Schale des Lebens

Leitgedanken

Der Lehrberuf bringt es mit sich, viel zu geben. Die Belastungen und Verantwortungen sind in den zurückliegenden Jahren nicht weniger geworden.

Der Anfang des neuen Schuljahres ist auch für erfahrene Kolleginnen und Kollegen eine Schwellensituation, die vielfältige Emotionen hervorruft.

Die vorliegende Andacht im Lehrerzimmer bietet eine Chance, diese Emotionen, Fragen, Erwartungen und Ängste im Licht der christlichen Botschaft aufzunehmen, zu verbalisieren und loszulassen. Im Spiegel des Gedichts von Dag Hammarskjöld[6] soll ein Blick auf das geworfen werden, was wir annehmen müssen, was wir zu tragen haben und was wir in Gottes Hände zurück geben dürfen.

Jeder Tag der erste – jeder Tag ein Leben.
Jeden Morgen soll die Schale unseres Lebens hingehalten werden,
um aufzunehmen, zu tragen und zurückzugeben.

Vorbereitungen

Mit dieser Andacht kann die Dienstbesprechung am ersten Schultag beginnen. Die Musiklehrerin oder der Musiklehrer können den Choral begleiten. Die Strophen des Liedes (EG 566) und des Psalms (Kol 1,15-20) sollten als Kopie allen Kolleginnen und Kollegen ausgeteilt werden.

---

6 Dag Hammarskjöld (1905–1961) war Generalsekretär der Vereinten Nationen von 1953 bis zu seinem Tod. Er starb bei einem ungeklärten Absturz seines UN-Flugzeuges auf dem Weg zu einem Treffen mit dem Präsidenten Katangas Moïse Tshombé, um in der Kongo-

Im Zentrum der Andacht steht eine symbolische Aktion. Eine möglichst farbige Glasschale, die mit warmem Wasser gefüllt ist, wird auf einen OHP gestellt, so dass sich eine ästhetische Projektion ergibt.

Ein Beutel Salz wird zum Symbol für Belastungen in die Schale gestreut. Nach kurzer Zeit hat es sich aufgelöst. Damit wird es zum Symbol dafür, dass sich bei der richtigen Betrachtungsweise viele unserer Sorgen ebenfalls auflösen können.

In einem zweiten Schritt werden kleine hohle Glaskugeln (aus dem Deko- oder Bastelladen) in die Schale abgelegt. Sie schwimmen auf der Oberfläche und sind Symbol für das, was ertragen werden muss. Sie sind ebenfalls Symbol für das, was uns tragen hilft.

Ablauf der Andacht

Lied
> Der Geist des Herrn erfüllt das All (EG 566, 1–2)

Worte im Wechsel (Kol 1, 15–20)
> Christus Jesus ist das Ebenbild des unsichtbaren Gottes,
> der Erstgeborene vor aller Schöpfung.

> Denn in ihm ist alles geschaffen,
> was im Himmel und auf Erden ist,

> das Sichtbare und das Unsichtbare,
> es seien Throne oder Herrschaften

> oder Mächte oder Gewalten;
> es ist alles durch ihn und zu ihm geschaffen.

> Und er ist vor allem,
> und es besteht alles in ihm.

> Und er ist das Haupt des Leibes,
> nämlich der Gemeinde.

> Er ist der Anfang, der Erstgeborene von den Toten,
> damit er in allem der Erste sei.

> Denn es hat Gott wohl gefallen, dass in ihm alle Fülle
> wohnen sollte
> und er durch ihn alles mit sich versöhnte,

> es sei auf Erden oder im Himmel,
> indem er Frieden machte durch sein Blut am Kreuz.

---

krise zu vermitteln. Nach seinem Tod wurde auf seinen Wunsch hin Hammarskjölds Tagebuch „Zeichen am Weg" veröffentlicht, das Hammarskjöld als äußerst spirituellen und tief gläubigen Menschen zeigt, der die Kraft für sein Handeln aus seinem Glauben bezog.

EINFÜHRUNG

Ein neues Schuljahr hat begonnen. Vieles kommt auf uns zu. Die Schülerinnen und Schüler sind wieder ein Stück älter geworden – sind sie auch reifer geworden? Die Schulanfängerinnen und -anfänger bescheren uns viele neue Gesichter. Wir wissen noch nicht, was in diesem Schuljahr wieder alles auf uns zukommt. Wir erleben einen Zustand der Erwartung.

Schon die ersten Christen, kurz nach Jesu Tod und Auferstehung befanden sich in einem Zustand der Erwartung. Sie lebten, noch vor dem ersten Pfingstfest, in einer Zeit des Wartens auf *Erfüllung* durch den Heiligen Geist.

Auch wir träumen in unserem Schulalltag von Erfüllung. Aber angesichts der alten Tretmühle, die uns nun wieder hat, stellt sich die Frage: Ist in unserem Leben für Erfüllung überhaupt noch Platz? So vieles stürzt auf uns ein. Was besetzt uns? Wo sind wir vielleicht *Sorgen-voll?*

Von Sorgen, die fast 3000 Jahre alt sind, erzählt der folgende Text:

LESUNG (2Kön 2,19-22)

Die Bürger von Jericho kamen zu Elischa und sagten: „Herr, wie du siehst, hat unsere Stadt eine ausgezeichnete Lage. Nur das Wasser ist schlecht; es verursacht Fehlgeburten bei Menschen und Tieren." „Bringt mir eine *Schale,* eine ganz neue", befahl Elischa, „und füllt sie mit Salz!" Als sie ihm die Schale gebracht hatten, ging er damit vor die Stadt zu der Wasserquelle und schüttete das Salz hinein mit den Worten: „So spricht der HERR: Ich mache dieses Wasser wieder gesund; es wird niemand mehr den Tod bringen und keine Fehlgeburten mehr verursachen." Seitdem ist das Wasser in Ordnung, bis heute, genau wie Elischa es gesagt hat.

IMPULS 1

Manchmal tragen wir große oder kleine Lasten mit uns herum. Dinge, die uns belasten und uns das Leben versalzen.

Das Salz wird ins Wasser gestreut.

Manchmal kommt es aber auch nur auf die Sichtweise an. Lasten müssen nicht alleine getragen werden.

Das Salz wird gerührt, bis es sich auflöst.

Manchmal ist es so, dass sich nach guten Gesprächen, oder intensiven Gebeten – nachdem wir unsere Last einem lieben Menschen oder Gott anvertraut haben, unsere Belastungen auflösen, wie das Salz in dieser Schale.

IMPULS 2 (KLEINES KOLLEGIUM)

Die Glaskugeln liegen in einem Korb für alle greifbar bereit.

Wir legen in die Schale das, was uns belastet, was uns auf der Seele liegt, was wir mitschleppen.

STILLE – MUSIK

Ich bitte nun alle, ihre Kugel in die Schale zu legen. Wer möchte, darf sagen was sie oder ihn belastet – und damit diese Last symbolisch ablegen. Alle anderen dürfen ihre *Last* auch in der Stille ablegen, im Vertrauen darauf, dass Gott uns in der Stille hört.

Die Kugeln werden ins Wasser gelegt.

Im Anschluss wird der Text von Dag Hammarskjöld verlesen (siehe unten)

ALTERNATIV IMPULS 2 (GROSSES KOLLEGIUM)

In der Stille denken wir daran, was uns belastet und was wir gerne ablegen würden.

STILLE – MUSIK

Symbolisch für alle unsere Lasten werde ich nun Kugeln ins Wasser legen.

Die Kugeln werden einzeln ins Wasser gelegt.

– für alles, was uns gesundheitlich zu schaffen macht.
– für die Ängste, die wir vor der Zukunft haben
– für den Stress, der uns auffrisst
– für die Sorgen, die uns Familienmitglieder und Angehörige machen
– für unsere Befürchtungen angesichts der großen Politik
– für unsere Versagensängste
– für alles, was wir uns nicht selbst eingestehen wollen und können.

Wir legen in die Schale alles, was uns belastet, was uns auf der Seele liegt, was wir mitschleppen.

TEXT: DAG HAMMARSKJÖLD

Jeder Tag der erste – jeder Tag ein Leben.
Jeden Morgen soll die Schale unseres Lebens hingehalten werden, um aufzunehmen, zu tragen und zurückzugeben.

Der Mensch als Schale – das Leben des Menschen als Schale. Das Bild ist gut. Es trifft auf viele Lebensbereiche zu. Manchmal fühle ich mich wie ein Gefäß, das mit Frust zugeschüttet wird:

Ich muss Dinge *schlucken,* die mir eine Nummer zu groß sind, die ich nicht verhindern kann, obwohl ich das will.

Ich muss Ärger hinnehmen, weil ich nicht in der Position bin, mich zu wehren, oder weil die anderen uneinsichtig sind.

Wahrscheinlich muss ich auch Ärger einstecken, weil ich selbst uneinsichtig bin.

Da lassen andere ihren eigenen Frust an mir aus – und das geschieht: In der Ehe, mit den Kindern, in der Familie, in der Schule und in der Freizeit.

Andererseits heißt es auch von besonders schönen Momenten, dass wir in ihnen *voller* Freude, *voll* des Lobes oder der Anerkennung, *völlig* glücklich sind.

Das Bild vom Leben des Menschen als Schale macht uns auf alle Fälle deutlich, dass wir aufnahmefähig sind.

Allerdings: es kommt natürlich darauf an, was in dieses höchst zerbrechliche *Gefäß Mensch* hineingelangt.

Überwiegt der Frust, die Angst, der Hass – so werden wir zu den unglücklichen Schalen, die der Autor der Offenbarung *Schalen des Zorns* genannt hat (Offb 15,5).

Darum ist es gut, sich täglich zu prüfen, was denn da in uns hineingelangt. So, wie es Dag Hammarskjöld in seinem Gedicht empfohlen hat:

Jeder Tag der erste – jeder Tag ein Leben.
Jeden Morgen soll die Schale unseres Lebens hingehalten werden,
um aufzunehmen, zu tragen und zurückzugeben.

Unser Leben ist eine Schale und jeden morgen neu wird diese Schale mit Erfahrungen gefüllt:

Manche Erfahrungen können wir glücklich aufnehmen. Sie machen uns reicher.

Manche Erfahrungen machen unsere Schale schwer – oft unerträglich schwer – aber tragen müssen wir sie trotzdem.

Aber alle unsere Erfahrungen – ob gut oder schlecht – sollten zu ihrer Zeit dem Herrn aller Erfahrung zurückgegeben werden: Denn der Mensch ist ein zerbrechliches Gefäß, das nur einen gewissen Teil tragen kann, bevor es zerbricht.

Ich möchte diese Besinnung schließen mit einem Text des Apostels Paulus. In diesem Text beschäftigt sich Paulus ebenfalls mit der Fragestellung, was die *Schale des Lebens* erfüllt und welche Kraft hier wirksam ist. In der Erwartung des Neuen, von dem niemand sagen kann, wie es werden wird, wird deutlich, wessen Geist den Menschen erfüllen sollte, damit er dem Menschen zum Mensch wird.

Denn ebenso wie beim Salz in der Schale wird bei der richtigen Betrachtungsweise vieles Sichtbare unwichtig: Das *wirklich* Wichtige – und ich denke dabei nicht *nur* an den Heiligen Geist – das *wirksam* Wichtige nämlich ist unsichtbar.

LESUNG (AUSZUG AUS 2Kor 4,6-18)

Gott hat einst gesagt: „Licht strahle auf aus der Dunkelheit!" So hat er auch sein Licht in meinem Herzen aufleuchten lassen und mich zur Erkenntnis seiner Herrlichkeit geführt, der Herrlichkeit Gottes, wie sie aufgestrahlt ist in Jesus Christus. Ich trage diesen Schatz in einer ganz gewöhnlichen, zerbrechlichen *Schale*. Denn es soll deutlich sichtbar sein, dass das Übermaß an Kraft, mit dem ich wirke, von Gott kommt und nicht aus mir selbst. Ich bin erfüllt vom Geist des Vertrauens, von dem in den Heiligen Schriften gesagt wird: „Ich vertraute auf Gott, darum redete ich." Genauso vertraue auch ich auf Gott, und darum rede ich auch und verkünde die Gute Nachricht. Ich baue nicht auf das Sichtbare, sondern auf das, was jetzt noch niemand sehen kann. Denn was wir jetzt sehen, besteht nur eine gewisse Zeit. Das Unsichtbare aber bleibt ewig bestehen.

LIED

Der Geist des Herrn erfüllt das All (EG 566, 3-4)

VATERUNSER

SEGENSWORT

Möge Gott hinter dir sein und dir deinen Rücken stärken, wenn das Leben dich niederdrückt.

Möge Gott bei dir sein und dich tragen, wenn dein Mut dich verlässt.

Möge Gott vor dir sein, und deinen Weg beleuchten, wenn deine Zukunft im Dunkeln liegt.

Möge Gott in dir sein und dein Leben vollenden. Du bist nicht allein!

Amen.

Manfred Karsch

Einschulung in die Grundschule

Im Baum des Lebens ist Platz für alle (Mk 4,30-34)

Leitgedanken

Dass Bildung als Selbstbildung bereits im Elementarbereich beginnt, prägt mehr und mehr die Bildungsdiskussion, schürt aber auch die Sorgen der Erziehenden, auf dem Bildungsweg ihrer Kinder nichts verkehrt zu machen. Der Einschulungstag als eine Übergang in eine neue Bildungsinstitution ist deshalb verstärkt mit Erwartungen, Ansprüchen und Anforderungen bei allen Beteiligten belastet: Kinder, Eltern und Lehrkräften.

Aus den Großen in den Kindertageseinrichtungen werden die Kleinen in der Grundschule. Im Mittelpunkt dieses Gottesdienstes steht deshalb das Gleichnis vom Senfkorn (Mk 4,30-34), das ermutigt, im kleinen Anfang die Hoffnung auf das Große zu entdecken und damit verbunden Hoffnung und Vertrauen auf Gottes Begleitung zu setzen, die symbolisch greifbar im Segenszeichen für die Schulanfänger wird.

Vorbereitungen

Die Schulanfängerinnen und -anfänger erhalten mit der Einladung zum Gottesdienst einen Vogel aus Pappkarton (DIN A6) zum Ausschneiden und Anmalen. Der Vogel trägt bereits den Namen des Kindes.

Für den Gottesdienst wird eine Stellwand mit neutralem (weißen) Hintergrund gebraucht. Einzelne Symbole, die während der von mehreren Personen vorgetragenen Erzählung zum Gleichnis vom Senfkorn aufgeklebt werden, liegen bereit und werden von Mitarbeitenden (ältere Schüler, Eltern, Lehrkräfte) während der Erzählung an die Stellwand geheftet.

Ablauf des Gottesdienstes

VORSPIEL UND BEGRÜSSUNG

LIED
    Ein neuer Tag ist da (Heut ist ein Tag 2)

EINGANGSWORT

nach Motiven des Psalm 121 und einem Kehrvers aus Psalm 139,5

1   Von allen Seiten umgibst du mich
und hältst deine Hand über mir.

Mein Leben ist wie ein Weg, auf dem ich gehe.
2   Menschen sind da, die mich begleiten.
Freunde und Freundinnen sehe ich, die mit mir gehen.
Der Weg ist hell und weit.

Mein Leben ist wie ein Weg, auf dem ich gehe.
Manchmal weiß ich nicht, ob ich auf dem richtigen Weg bin.
Manchmal bin ich ganz allein.
Ist keiner da, der mir hilft?

Von allen Seiten umgibst du mich
und hältst deine Hand über mir.

Mein Leben ist wie ein Weg, auf dem ich gehe.
Manchmal geht es steil bergauf.
Dann gehe ich mutig voran.
Keiner kann mich aufhalten.

Mein Leben ist wie ein Weg, auf dem ich gehe.
Manchmal gehe ich durch ein dunkles Tal.
Dann habe ich Angst.
Komme ich zum richtigen Ziel?

Von allen Seiten umgibst du mich
und hältst deine Hand über mir.

Mein Leben ist wie ein Weg, auf dem ich gehe.
Gott geht ihn mit mir.
Woher ich auch komme, wohin ich auch gehe,
Gott ist bei mir.

GEBET

Lieber Vater im Himmel,
wir wollen dir Danke sagen für diesen Tag, den wir heute erleben
dürfen. Die Gefühle von Freude, von Spannung und Aufregung liegen in der Luft. Wir alle warten darauf, was dieser erste Schultag
uns bringen wird. Wir wünschen uns, dass wir zusammen einen
Gottesdienst feiern können, der unsere Freude vollkommen macht
und der uns ruhig und gelassen in diesen Tag gehen lässt. Sei du bei
uns mit allem, was wir tun, reden und singen. Amen.

LIED

Alles muss klein beginnen (MKL 155)

Wir wollen euch jetzt eine Geschichte erzählen. Eine Geschichte, die – das werdet ihr schnell entdecken – Jesus einmal so ähnlich erzählt hat. Heute hat diese Geschichte ganz besonders etwas mit uns und den Kindern, die heute in die Schule kommen, zu tun.

Einmal hat ein Mann ein ganz kleines Samenkorn gefunden. So klein ist das Samenkorn, dass er es zwischen seinem Daumen und seinem Zeigefinger halten kann.

Das Samenkorn wird hochgehalten.

„Wirf es weg!" sagen seine Freunde. „So ein kleines Samenkorn ist doch zu nichts zu gebrauchen. Aus dem kleinen Korn wird doch überhaupt nichts." Sie lachen über den Mann und denken: „Aus so etwas Kleinem kann doch nie etwas Großes werden!"

Aber der Mann denkt: „Wer weiß, vielleicht kommt aus diesem kleinen Samenkorn doch noch etwas heraus? Ich will ihm Zeit lassen, es in die Erde legen und sehen, was daraus wird." Und er legt das Samenkorn in seinen Acker.

Das Samenkorn wird vor die Stellwand gelegt.

Dann nimmt er etwas Erde und häufte sie über das kleine Samenkorn.

Über das Samenkorn wird ein braunes Tuch gelegt.

Der Mann denkt: „Nun wollen wir einmal sehen, was aus diesem kleinen Samenkorn werden wird." Und der Mann geht fröhlich nach Hause.

„Siehst du", sagen seine Freunde zu ihm. „Nun ist das Samenkorn weg. Und du wirst es nie mehr wieder sehen. Denn aus solch einem kleinen Samenkorn kann doch nichts wachsen. Du solltest dich viel mehr um die großen Sachen kümmern, als dass du dich um so ein kleines Samenkorn kümmerst. Das ist doch alles nur Zeitverschwendung."

Aber die Freunde hatten sich getäuscht. *(Pause)* Lange Zeit vergeht. Und nichts passiert. *(Pause)* Dann kommt der Regen.

Mehrere Regentropfen werden auf die Stellwand geklebt.

Und dann kommt die Sonne.

Eine gelbe Sonnenscheibe wird auf die Stellwand geklebt.

Wieder vergehen viele Wochen, einmal regnet es und wieder einmal scheint die Sonne. Viele Wochen lang. Und es passierte überhaupt nichts. Dann aber plötzlich, an einem schönen Tag, wächst ein kleiner Halm aus der Erde. Voll Freude betrachtet der Mann den kleinen Halm.

Ein kleiner grüner Pappstreifen wird unten auf die Stellwand geklebt.

Und dieser kleine Halm wird größer und größer.

Ein größerer grüner Streifen wird auf die Stellwand geklebt.

Und der Halm wird größer und größer. Aus dem kleinen, grünen Trieb wird ein fester Stamm.

Ein brauner Streifen wird über die grünen Streifen geklebt.

Und der Stamm bekommt Äste und Zweige. Aus den Zweigen wachsen Blätter und Blüten. Und bald steht dort, wo das kleine Samenkorn in die Erde gelegt worden ist, ein großer Baum.

Eine große, runde grüne Scheibe wird auf den braunen Stamm geklebt.

„Das ist ja ein Wunder", sagen die Freunde des Mannes. „Das hätten wir nicht gedacht, dass aus solch einem kleinen Samenkorn ein solch großer Baum werden kann." Aber der Mann denkt: „Ein Wunder ist das nicht, dass aus diesem kleinen Korn etwas geworden ist. Aber es ist ein Geschenk Gottes, damit wir uns an diesem Baum freuen können. Aus etwas ganz Kleinem ist etwas ganz Großes geworden."

So ist das eben, wenn Gott etwas unter den Menschen anfangen will! Dann fängt er ganz klein an, so klein wie ein so kleines Samenkorn. Aber es kommt etwas ganz Großes dabei heraus. So groß wie dieser Baum.

LIED

Kleines Senfkorn Hoffnung (MKL 90)

AKTION

Vielleicht habt ihr gedacht, dass unsere Geschichte schon zu Ende ist. Nein, sie geht noch weiter. Denn nicht nur die Menschen, sondern auch die Vögel freuen sich über den Baum. Für sie wird dieser Baum zu einem Platz zum Wohnen. Im Baum können sie ihre Nester bauen. Für alle Vögel ist Platz, ob klein, ob groß. Ein Baum zum Leben ist gewachsen, eine Lebensbaum, der Platz für alle gibt.

Und nun rufe ich einmal die Vögel, dass sie sich ihren Platz auf dem Baum suchen. Die Vögel, ja das seid ihr, ihr Jungen und Mädchen, die heute in die Schule kommen. Einen kleinen Vogel zum Ausschneiden und Anmalen haben wir euch in der vergangenen Woche geschickt. Wir hoffen, dass ihr ihn nun mitgebracht habt und nach vorn kommt und euren Vogel in den Baum klebt

Die Schulanfänger kommen nach vorn und kleben ihren Vogel in den Baum. Für Kinder, die ihren Vogel vergessen haben, sollten einige Exemplare bereitliegen.

Mile male mule, ich gehe in die Schule (Mile male mule 5)

ANSPRACHE

Alle Vögel haben ihren Platz im großen Baum gefunden. Dort können sie wohnen und leben. Der große Baum ist wie ein Geschenk für alle. Für alle ist Platz. Und keiner muss sagen: „Ich weiß gar nicht, wohin ich gehöre. Ich finde meinen Platz nicht." Keiner braucht Angst zu haben, seinen Platz im Lebensbaum nicht zu finden.

Liebe Kinder, die ihr heute in die Schule kommt, auch ihr braucht euch keine Sorgen zu machen. Auch ihr werdet euren Platz finden, in der Schule und dort, wo es wichtig ist. Gleich werdet ihr einen neuen Raum betreten. Ein Raum mit vielen Stühlen und Tischen. Und dort wird Platz für alle sein. Mancher möchte vielleicht ganz vorn sitzen, ganz in der Nähe der Lehrerin. Oder lieber weiter hinten, dort, wo man alle und jeden sehen kann. Oder mitten drin, zwischen den Freunden und Freundinnen oder neugierig neben jemanden, den man erst fragen muss: „Sag mal, wie heißt du eigentlich?" Ich wünsche euch, dass ihr eure neue Welt in der Schule fröhlich entdecken könnt und gern jeden Tag dorthin geht. Und das ihr sagen könnt: „Da, in die Schule, da gehöre ich jetzt hin. Da habe ich meinen Platz gefunden."

Liebe Eltern, der Baum in der Geschichte ist ganz von selbst gewachsen, ohne dass jemand etwas dazu getan hat. Der Baum ist ein Bild für den Raum des Lebens, den Gott für uns alle geschaffen hat. Der Lebensbaum schenkt Lebensraum. Wenn wir unsere Kinder jetzt zur Schule schicken, dann entdecken sie einen neuen Lebensraum für sich. Wir Eltern spielen in diesem Raum nur eine ganz kleine Rolle. Für uns Eltern bedeutet das, unsere Kinder wieder ein Stück loszulassen, ein bisschen aus dem warmen, wohlbehüteten Nest des Zuhauses und des Kindergartens zu entlassen. Keine Angst, in dieses Nest werden sie noch viele Jahre zurückkehren, manch einer fühlt sich noch mit 25 Jahren dort wohl. Aber der Lebensraum Schule ist ein Teil von Gottes Lebensbaum, den er für uns gepflanzt hat. Gott wird mit unseren Kindern sein. Wir können sie die neuen Wege entdecken lassen.

Liebe Lehrerinnen und Lehrer, alles hat ganz klein angefangen in unserer Geschichte. Unscheinbar war alles, aus dem ein ganz großer Baum entstand. Jedes Jahr stehen einige von ihnen vor so einem Neuanfang. Und mancher von ihnen hat schon einmal gedacht: „Was soll ich bloß aus diesen Jungen und Mädchen machen?" Sie fühlen sich vielleicht manchmal wie der Gärtner, der pflegen soll und manchmal auch die Untriebe bändigen muss. Und doch sind wir nur Mitarbeiterinnen und Mitarbeiter Gottes, der jeden Menschen auf seinen eigenen Weg schickt, auf den er und wir unsere Kinder, unsere Schülerinnen und Schüler begleiten will. Es begleite sie und uns alle Gottes guter Segen.

LIED

Gott, dein guter Segen (Heut ist ein Tag 22)

FÜRBITTENGEBET UND VATERUNSER

Lieber Vater im Himmel, mir macht es Spaß, dass alle heute fröhlich sein dürfen.

Gib, dass es auch in der Schule immer so ist, dass die Kinder sich verstehen und dass die Lehrerinnen und Lehrer ihnen zu guten Freunden und Wegbegleitern im Leben werden.

Wir danken dir, dass du uns einen Raum zum Leben schenkst, einen Lebensraum wie einen Lebensbaum, auf dem wir unseren Platz finden. Begleite du uns weiter und hilf uns, wenn wir nicht mehr weiter wissen. Deshalb beten wir zu dir: Vaterunser …

SEGENSHANDLUNG

Wenn wir jetzt weitergehen in diesen schönen Tag, wollen wir uns daran erinnern:
Gott denkt an uns und segnet uns.
Gott segnet alle. Darauf dürfen wir uns verlassen, wir Großen und ihr Kleinen.

Die Schulanfängerinnen und Schulanfänger kommen zum Altar und empfangen als Gruppe oder einzeln ein Segenswort.

NACHSPIEL

Manfred Karsch

Schulabschluss Grundschule

Auf großer Fahrt ins Leben – mit Jesus in einem Boot (Mk 4,35-41)

Leitgedanken

Mit dem Ende der Grundschulzeit und dem Übergang in die weiterführenden Schulen erweitert sich noch einmal der soziale und individuelle Lebensraum für Schülerinnen und Schüler und deren Eltern. Verglichen mit einer Bootsfahrt ist die Grundschulzeit ein Segeln in Küstennähe. Mit ihrem Ende geht es *auf große Fahrt* in noch unbekannte Gewässer, verbunden mit den Wunsch nach Rückblick auf das, was bisher gelungen und erreicht ist wie auch *Ermutigung zu neuen Ufern* aufzubrechen.

Die Geschichte von der Stillung des Seesturms (Mk 4,35-41), die im Mittelpunkt dieses Gottesdienstentwurfes steht, greift auf der emotionalen Ebene die ambivalenten Gefühle von Menschen auf, die ihr *Lebensschiff* mit der Nachfolge Jesu auf neuen Kurs gesetzt haben, sichert aber gleichzeitig Geborgenheit und Schutz durch die Nähe Jesu zu.

Vorbereitung

Das Mitmach-Spiel zur Geschichte der Sturmstillung wurde bereits sowohl in kleinen Gruppen, als auch in großen Gottesdiensten mit mehr als 500 Teilnehmern erprobt. Möglich ist es auch, den Gottesdienst zu Beginn eines Schulfestes im Freien zu feiern. Das Spiel setzt einen Spielleiter/eine Spielleiterin voraus, die spontan auf die Reaktionen der großen oder kleinen Gottesdienstgemeinde eingehen kann.

Für das Spiel zur Geschichte der Sturmstillung wird ein Schiffsmodell im Altarraum benötigt. Dazu kann man entweder ein Schiff auf Plakatwände malen oder aus Kartons ein Schiff zusammenstellen. Als Mast dient ein Kartenständer, als Segel wird ein blaues Tuch oder mehrere aneinander geklebte Bögen blaues Tonpapier verwendet.

Das Faltblatt mit dem Gottesdienstablauf sollte am besten in fünf verschiedenen Farben vorliegen. Anhand der Farben können für das Spiel Gruppen gebildet werden: Sturm: grau/Wellen: blau/Jünger: grün/Jesus: weiß/die Menschen am Ufer: gelb.

Wer aufwendiger gestalten möchte, legt in fünf Bereichen des Gottesdienstraumes entsprechend farbiges Papier (DIN A4) aus, aus dem zu

Beginn des Spiels zunächst Hüte gefaltet werden, die später mit wenigen Handgriffen zu einem Schiffchen verwandelt werden können.

Außerdem sollte es Verkleidungen in entsprechenden Farben für die vier Stegreifspieler geben, die vorher in den Ablauf der Geschichte eingeweiht sind oder ganz spontan mitspielen. Es bietet sich an, aus verschiedenen teilnehmenden Gruppen (Schüler, Eltern, Lehrerkräfte, Hausmeister, Omas und Opas u.a.) Personen zu wählen:

– Sturm: ein grauer Trenchcoat oder Umhang und ein Sprachrohr/ Sprechtüte
– Wellen: eine blaue Abfalltüte mit Löchern für Arme und Kopf oder blaue Tücher
– Jünger: ein grüner Umhang
– Jesus: ein weißer Umhang
– die Menschenmenge: ein gelber Umhang oder ein gelbes Tuch

Entsprechend der erwarteten Teilnehmerzahl wird eine ausreichende Zahl *Tattoos Sturmstillung* bereitgehalten.[7]

Ablauf des Gottesdienstes

VORSPIEL

EINGANGSWORT

LIED
> Der Gottesdienst soll fröhlich sein (EG 169)

PSALM
> Nach Psalm 27 (EG 778)

GEBET
> Lieber Vater im Himmel,
> unser Leben ist wie eine große Reise.
> Wir kommen jeden Tag ein Stück weiter.
> Manchmal ist der Weg leicht und wir schreiten mutig voran.
> Nichts kann uns aufhalten und unser Mut ist groß.
> Aber manchmal verlässt uns der Mut.
> Und wir kommen nur schwer weiter.
> Die Schritte werden schwer und wir wissen nicht,
> ob wir auf dem richtigen Weg sind.

---

7 Die Tattoos sind zu beziehen über: Gottesdienst Institut der Ev.-luth. Kirche in Bayern, Postfach 44 04 45, 90209 Nürnberg, Tel. 0911 4316 312, www.gottesdienstinstitut.org, gottesdienstinstitut@t-online.de.

Und dann gibt es Tage wie heute:
Ein Ziel ist erreicht und eine neue Wegstrecke beginnt.
Wir sind aufgeregt und wir freuen uns.
Was wird die kommende Zeit bringen?
Welche Wege werden wir gehen?
Welche Menschen werden wir kennen lernen?
Schön ist es, wenn wir nicht allein unsere Wege gehen müssen.
Deshalb bitten wir dich, lieber Vater, dass du jetzt bei uns bist
und für uns da bist. Amen.

LIED

Laudato si (EG 515)

ERZÄHLUNG UND AKTION

*Während des Liedes wird die Kulisse – das Segelschiff – für alle
sichtbar aufgebaut. Das Segel sollte allerdings noch nicht gesetzt sein!*

Das Schuljahr ist bald zu Ende, die großen Ferien, die Sommerferien beginnen. Wir freuen uns auf den Urlaub, manche von Euch
werden verreisen, andere hoffen auf schöne Tage zu Hause, etwas
länger schlafen, spielen, schwimmen gehen und Freunde besuchen.
Für manche von Euch beginnt sogar bald etwas ganz Neues, wenn
sie nach den Sommerferien auf eine andere Schule gehen werden.
Und deshalb ist dieser Tag heute auch besonders aufregend und
spannend, er macht Freude und bringt – auch wenn es nur ein
bisschen ist – ein wenig Unsicherheit.

Der Tag heute ist wie der Beginn einer großen Reise, von der wir
zwar wissen, wohin wir wollen, aber von der keiner weiß, wie sie
verlaufen wird und was alles passieren wird. Und da brauchen wir
für solch eine Reise ein bisschen Mut im Reisegepäck und Vertrauen
als Proviant, damit alles gut wird und wir alle dort ankommen,
wohin wir wollen.

Manchmal helfen ja Geschichten von anderen Menschen, die
schon einmal solch eine Reise gemacht haben, um uns Mut und
Vertrauen zu schenken. Solch eine Geschichte möchte ich euch
jetzt erzählen – nein – wir alle wollen sie miteinander erzählen und
spielen.

Nun – die Geschichte, die ich uns ausgesucht habe, ist eine
Geschichte von Jesus und ich glaube, dass viele von euch diese
Geschichte kennen, weil ihr sie schon einmal in der Schule oder im
Gottesdienst gehört habt oder in einer Kinderbibel gelesen habt.
Aber heute ist das ganz anders: Denn ihr seid mitten drin in der
Geschichte, alle spielen mit. Und welche Rolle werdet ihr spielen?
Nun – das entscheidet sich daran, welche Farbe euer Gottesdienst-
programm/eurer Blatt hat.

An dieser Stelle können ggf. die Papierhütchen gebastelt werden.

Die Geschichte spielt auf dem Wasser und das spielen natürlich alle, die ein blaues Gottesdienstprogramm/Hütchen haben.

Im Folgenden kommen die Darsteller von Wasser, Sturm, Jünger, Jesus und Menschenmenge jeweils nach vorn. Sie machen eine für ihre Rolle markante Geste und ihr entsprechendes Signalwort, das bei der Geschichte jeweils an der entsprechenden Stelle von den Gottesdienstbesuchern mit der gleichen Farbe (des Gottesdienstprogramms/des Hütchens) laut ausgerufen wird.

Das *Wasser* ist zum Beginn unserer Geschichte noch ganz ruhig und die Wellen sind ganz flach. Das machen jetzt einmal alle mit dem blauen Blatt.

Der Spieler „Wasser" und alle mit der Farbe Blau macht die Bewegungen und Geräusche mit.

Später aber werden die Wellen immer größer und das Wasser macht ein zischendes Geräusch. Auch das probieren wir alle einmal aus. Dazu bewegen wir Hände und Arme in Wellenbewegung, erst flach und ruhig, dann wild und schnell.

Natürlich gibt es in unserer Geschichte auch den *Wind.* Auch der ist zum Beginn ganz leise und wird dann immer stärker. Der Wind oder später der *Sturm* sind alle mit den grauen Blättern. Zunächst macht er ganz leise *Huii* und dann immer lauter. Dazu halten wir uns die Hände an den Mund.

So ein *Sturm*, der hat es richtig in sich! Der bläst und bläst, so kräftig wie er kann. Das zeigt uns der *Sturm* einmal.

Der Spieler „Sturm" hält sich die „Sprechtüte" vor den Mund und bläst: „Huii!"

Huii macht der *Sturm.* Aber auch unser *Sturm* ist nicht allein, sondern er hat viele Helferinnen und Helfer auf allen Seiten in unserem Kirchenraum. Alle, die ein graues Faltblatt bekommen haben, sind die Helfer und Helferinnen des *Sturms.* Wenn in meiner Geschichte das Wort „*Sturm"* fällt, springt ihr alle mit den grauen Blättern auf, haltet euch die Hände wie ein Trichter vor den Mund und macht „Huii". Auch das wollen wir probieren.

Im Folgenden die Handlung ausprobieren, wie bei den anderen Figuren.

So jetzt kommen die Menschen dran, die in unserer Geschichte mitspielen. Da sind zunächst die *Jünger* Jesu. Das sind alle mit dem gelben Blatt. Die sind immer ganz munter und manchmal richtig aufgeregt, legen die Hand an den Kopf und sagen „Oh Ja!". Das probieren wir jetzt auch einmal aus.

Dann gibt es noch eine große Menschenmenge in unserer Geschichte. Die steht am Ufer und sieht alles, was auf dem See gleich passiert. Sie sind erstaunt. Deshalb rufen die *Menschen* „Aha!" und winken dabei mit ihren gelben Blättern.

Und jetzt ist da nun *Jesus*. Das sind alle, die ein weißes Blatt haben. Das liegt nämlich daran, dass Jesus in unserer Geschichte immer etwas „weiß". Jesus ist in unserer Geschichte die Hauptperson. Und doch ist Jesus ganz, ganz leise und sagt immer nur „Psst!" und hält dabei einen Zeigefinger vor den Mund.

So nun müssten alle wissen, was sie tun müssen. Wir probieren das einmal hintereinander weg: Da ist das *Wasser*... und dann kommt der *Sturm*... und jetzt sind die *Jünger* an der Reihe... und dann die *Menschen* und zum Schluss der *Jesus*.

Ggf. noch einmal und dann auch schnell hintereinander und in veränderter Reihenfolge üben, damit die Gottesdienstgemeinde richtig „in Fahrt" kommt.

So, nun sind alle an unserer Geschichte beteiligt und das Spiel beginnt.

Es ist ein Tag, wie es viele gab im Leben *Jesu*. *Jesus* ist mit seinen *Jüngern* den ganzen Tag unterwegs. Von Dorf zu Dorf sind sie gelaufen, und *Jesus* hat den *Menschen* dort von Gott erzählt. Die *Menschen* winken *Jesus* fröhlich zu, wenn er in ihr Dorf kommt. Und manchmal ist es so, dass einige *Menschen* sie begleiten, wenn sie das Dorf verlassen. So ziehen immer mehr *Menschen* hinter Jesus und seinen *Jüngern* her.

Am Abend kommen sie an den See Genezareth, alle: *Jesus*, die *Jünger* und die *Menschen*. *Jesus* setzt sich ans *Wasser*, der *Wind* bläst sanft und *Jesus* erzählt den Menschen von Gott, während die *Jünger* sich ausruhen können. Dann ist *Jesus* müde vom vielen Erzählen. *Jesus* steht auf und weckt seine *Jünger*.

„Kommt", sagt *Jesus*. „Es ist schon spät, der *Wind* bläst günstig. Wir wollen über das *Wasser* fahren und am anderen Ufer die Nacht verbringen." Die *Jünger* besorgen ein Boot, *Jesus* steigt in das Boot, die Jünger holten den Anker ein und setzen das Segel.

Jetzt wird das Segel vom Spieler „Jünger" gesetzt.

Die *Menschen* winken *Jesus* fröhlich nach, ja einige *Menschen* holen ihre Boote und fahren neben *Jesus* und seinen *Jüngern* her. Der Wind bläst sanft in das Segel, das Wasser ist ruhig und sie kommen gut voran, alle: *Jesus*, die *Jünger*, die *Menschen* in den anderen Booten auf dem *Wasser* im leichten *Wind*.

Jesus ist müde. Er nimmt ein Kissen und legt sich unter Deck zum Schlafen. Die *Jünger* sitzen am Ruder und am Segel, der *Wind* bläst freundlich und das *Wasser* säuselt sanft vor sich hin.

So kommen alle gut voran. Nun sind sie schon mitten auf dem See. Die *Menschen* am Ufer winken und die *Menschen* in den Booten rufen: „Aha!" Denn sie freuen sich, dass sie ganz nah bei *Jesus* sind. Und *Jesus* schläft seelenruhig im Boot.

Doch da setzt sich plötzlich – ohne eine Vorwarnung – der *Wind* los. Der *Wind* bläst kräftiger und kräftiger. Aus dem *Wind* wird jetzt ein richtiger *Sturm*. Und das *Wasser* – eben war es noch ganz flach und ruhig – schlägt jetzt große Wellen. Das *Wasser* schäumt und zischt. Und der *Sturm* bläst und das *Wasser* überschlägt sich fast.

Die *Menschen* klammern sich an die Boote. Die *Jünger* holen das Segel ein.

Das Segel wird durch den Spieler „Jünger" einholen.

Und *Jesus? Jesus* schläft seelenruhig auf seinem Kissen unter Deck.

Nun schlägt das *Wasser* bereits ins Boot. Und der *Wind* bläst von allen Seiten. Die *Jünger* nehmen ihre Hände und Eimer und schaufeln das *Wasser* aus dem Boot. Aber der *Wind* bläst das *Wasser* immer wieder ins Boot. Die *Menschen* am Ufer schauen erschrocken, was draußen auf dem Wasser mit *Jesus* und seinen *Jüngern* passiert. Und die *Menschen* in den anderen Booten rufen um Hilfe.

Da kommen die *Jünger* auf eine Idee. Sie wecken *Jesus,* der immer noch seelenruhig auf seinem Kissen schläft. *„Jesus, Jesus"* sagen die *Jünger*. „Der *Wind* hat sich losgesetzt und das Boot ist voller *Wasser.* Kümmert es dich denn nicht, dass das Boot untergeht und wir alle ertrinken?"

Da steht *Jesus* auf. Und er sieht die *Jünger,* die ganz kreidebleich sind vor Angst und manche ganz grün in den Augen und er hört den *Wind* und sieht die Wellen und das *Wasser* im Boot und die anderen *Menschen* in den anderen Booten.

Und da geht *Jesus* ganz nach vorn an die Spitze des Bootes, während der *Wind* noch bläst und das *Wasser* ins Boot schwappt und die *Jünger* und die *Menschen* sich an die Planken klammern.

Und *Jesus* stellt sich vorn an die Spitze und hebt die Hände und spricht ein Machtwort zu dem *Wind* und befiehlt dem *Wasser:* „Schweig! Sei still" Da wird der *Wind* immer leiser und leiser. Und das *Wasser* wird ruhig und die *Wellen* legen sich. Ganz flach ist das *Wasser* und der *Wind* bläst ruhig und friedlich in die richtige Richtung. Und die *Jünger* holen Luft und die *Menschen* fallen sich in die Arme und rufen: „Wir sind gerettet!" Und nach einiger

Zeit erreichen alle das rettende Ufer: *Jesus, die Jünger* und die *Menschen.*

Und die *Menschen* und die *Jünger* sind erstaunt und fragen einander. „Was ist das nur, dass *Jesus* sogar der *Wind* und das *Wasser* gehorchen?"

Und deshalb singen wir jetzt miteinander:

LIED

Lasst uns miteinander (MKL 23)
Das Lied wird als Kanon zwischen den unterschiedlichen Gruppen eingeübt, Jesus und seine Jünger bilden eine Gruppe.

ANSPRACHE

Die Geschichte von der Stillung des Seesturms ist von allen „erlebt" worden. Die Ansprache wird die Geschichte nicht noch einmal erzählen, sondern wesentliche Erfahrungen in den Kontext von Schuljahresende und Abschluss der Grundschulzeit stellen:

Erfahrung von Gemeinschaft – „alle in einem Boot"
Erfahrung von Geborgenheit – „leichte Wellen"
Gedanken und Worte, die im Leben vorangebracht haben –
„sanfter Wind"
Hilfe und Ermutigung, wenn es nötig war – „im Sturm"
Hoffnung auf neue Ziele – „das rettende Ufer erreichen"

AKTION

In die Ansprache oder im Anschluss daran können eine oder mehrere Aktionen eingebaut werden:

Die Schulabgänger bekommen eine symbolische Welle zum Umhängen aus Pappkarton mit einem Segensspruch.

Gemeinsam wird aus den Hütchen ein Schiff gebastelt. Auf die Schiffe werden Segensworte, Glückwünsche und andere „gute Worte" geschrieben. Die Schiffchen werden untereinander ausgetauscht oder auf Stellwände geheftet, die in der Grundschule ausgestellt werden.

Das Tattoo Sturmstillung wird verteilt und seine Verwendung erläutert.

Jeder Gottesdienstteilnehmer/jede Gottesdienstteilnehmerin bekommt eine Postkarte, voradressiert mit der Adresse der Schule. Aufgabe: Die freie Seite in den Ferien bemalen oder beschreiben und an die Schule schicken. Nach den Ferien erwartet alle eine Stellwand mit den Postkarten in der Eingangshalle der Schule.

Wenn wir jetzt weitergehen (EG 168.4)

GEBET UND VATERUNSER
Herr, bleibe bei uns!

Unser Herr, wir alle kennen frohe Zeiten und traurige Zeiten, helle Tage und dunkle Tage. Du hast uns versprochen, an allen Tagen bei uns zu sein.

Herr, bleibe bei uns!

In guten Tagen vergessen die Menschen oft, dass du da bist.
In schlechten Tagen spüren die Menschen oft nichts davon,
dass du da bist
Erinnere die, denen es gut geht: „Ich bin bei euch!"
Tröste die, denen es schlecht geht: „Ich bin bei euch!"

Herr, bleibe bei uns!

An denen, die zu dir gehören, soll man erkennen:
Du bist bei den Menschen.
Lass uns so sein, reden und handeln, dass es keinen Zweifel gibt:
Dort, wo wir sind, bist du auch.
Und auch wenn uns vieles nicht gelingt, dürfen wir dennoch
bitten:
Alle: Herr, bleibe bei uns!

SEGENSWORTE
Gott segne uns –
dass unsere Schritte mutig auf neuen Lebenswegen gehen
Christus segne uns –
dass wir seine Begleitung spüren bei jedem Schritt
Der Heilige Geist segne uns –
dass wir fröhlich ankommen dort,
wohin uns unsere Wege führen. Amen.

NACHSPIEL

Ina-Annette Bierbrodt

Einschulung in die Sekundarstufe I

So, wie ich bin, komme ich zu dir

Leitgedanken

Dieser Schulgottesdienst zur Einschulung eines fünften Jahrgangs ins Gymnasium findet am Ende der ersten Woche in der neuen Schule für die fünften und sechsten Klassen statt. Im Laufe der ersten Schultage werden die Lieder für den Gottesdienst bereits im Unterricht eingeübt. Einzelne Schülerinnen und Schüler haben kurze Texte zu ihrer Situation bzw. Fürbitten geschrieben. Am Gottesdienst nehmen alle fünften und sechsten Klassen teil. Sie werden von ihren Klassenlehrerinnen und -lehrern begleitet. Die Eltern sind ebenfalls eingeladen.

Vorbereitung

Für den Gottesdienst werden neben dem Liedblatt zwei Bögen weißer Plakatkarton, zwei Stempelkissen sowie die Grafik „Fingerabdruck" aus: Lübking, Hans-Martin: Neues Kursbuch Konfirmation. Ein Arbeitsbuch für Konfirmandinnen und Konfirmanden, Düsseldorf. Patmos Verlag, 2000, S. 93 (als Plakat oder Tageslichtprojektorfolie) benötigt.

Ablauf des Gottesdienstes

MUSIK

BEGRÜSSUNG UND EINGANGSWORTE
Liebe Schülerinnen und Schüler, liebe Lehrerinnen und Lehrer, liebe Eltern!

Ich begrüße Sie und Euch zu diesem Einschulungsgottesdienst in der Marienkirche. In dieser Woche hat für alle, die in die fünfte Klasse gekommen sind, etwas Neues begonnen. Darum wollen wir diesen Gottesdienst feiern. Wir wollen um Gottes Segen für diesen neuen Lebensabschnitt bitten.

Wir feiern diesen Gottesdienst im Namen Gottes,
der uns unser Leben geschenkt hat,
im Namen Jesu Christi,
der uns liebt,
und im Namen des Heiligen Geistes,
der uns begleitet. Amen.

Lied

Wo zwei oder drei (EG 578)

Psalm

Psalm-Rap nach Psalm 139

*Grundrhythmus: klatschen – schnippen. Die Pfarrerin spricht den
Text vor, die Schulgemeinde spricht den Text nach. Die kursiv
geschriebenen Worte kennzeichnen das Klatschen. Eventuell müssen
die ersten Zeilen kurz eingeübt werden.*

Wir werden jetzt einen Psalm zusammen rappen. Dazu steht bitte
auf. Wir klatschen und schnippen abwechselnd. Während wir klatschen und schnippen, spreche ich den Text vor und Ihr sprecht ihn
nach.

Pfarrerin: *Herr,* mein *Gott!*
Alle: *Herr,* mein *Gott!* usw.

So, wie ich *bin,…*
komme ich zu *dir…*
Gut, dass *du* mich *siehst…*
Du bist bei *mir…*
Ich bin bei *dir…*
Herr, mein *Gott…*
So, wie ich *bin,…*
komme ich zu *dir…*
Angst hab ich *oft…*
Träume hab ich *auch…*
Herr, mein *Gott…*
So, wie ich *bin,…*
komme ich zu *dir…*
Gut, dass *du* mich *siehst…*
Du hältst mich *fest…*
in deiner *Hand…*
Gut, dass *du* mich *siehst…*

LIED

Hallelu' (Kindergesangbuch 193)

Nachdem das Lied gemeinsam gesungen wurde, können die fünften Klassen das „Halleluja" und die sechsten Klassen das „Preiset den Herrn" singen. In einem weiteren Durchgang kann zum „Halleluja" bzw. „Preiset den Herrn" zusätzlich aufgestanden werden.

LESUNG

Die folgenden Texte der Schülerinnen und Schüler sowie die später folgenden Fürbitten sind vorformuliert. Authentischer sind die kurzen Statements natürlich, wenn sie von Schülerinnen und Schülern selbst formuliert werden. Schüler 4 sollte ein Junge aus der sechsten Jahrgangsstufe sein.

Schülerin 1:
Ich habe mich ganz doll auf die neue Schule gefreut! Zuerst fand ich die Grundschule ja ganz schön. Es war toll Lesen, Schreiben und Rechnen zu lernen. Aber im vierten Schuljahr wurde es doch ziemlich langweilig. Jetzt bin ich neugierig auf die neue Klasse, die neuen Lehrer und die neuen Fächer.

Schüler 2:
Ich weiß nicht so recht, wie ich die neue Schule finden soll. Das Gebäude ist so groß. So viele Treppen, Flure und Klassenräume. Hoffentlich verlaufe ich mich nicht. Aus meiner neuen Klasse kannte ich zuerst niemanden. Nach einer Woche weiß ich wenigstens, neben wem ich sitze. Hoffentlich finde ich bald einen neuen Freund.

Schülerin 3:
In der Grundschule, da waren wir die Großen. Die Erstklässler haben uns bewundert. In der neuen Schule sind wir plötzlich wieder die Kleinen. Das ist ein komisches Gefühl.

Schüler 4:
Endlich bin ich in der sechsten Klasse! Das Gymnasium ist nicht mehr neu für mich. Ich war zwar noch nicht überall, aber die wichtigsten Räume kenne ich jetzt. Im letzten Jahr habe ich neue Freunde gefunden und die Klassenlehrerin ist auch nett.

ANSPRACHE I

Der Ansprache liegt die Grafik eines Fingerabdrucks, in dem sich ein Gesicht andeutet, zu Grunde. Je nach Gegebenheiten kann die Grafik entweder auf DIN A1 vergrößert oder als Folie auf dem Tageslichtprojektor gezeigt werden. Die Ansprache orientiert sich an folgender Skizze:

Ich habe euch ein Bild mitgebracht. Ihr könnt es hier auf dem Plakat und auf den Liedzetteln sehen.

Schwarze Linien durchziehen das Bild. Einige verlaufen fast gerade, andere beschreiben einen Bogen. In der Mitte krümmen sich die Linien stark, an den Rändern flachen sie ab. Einige Linien verzweigen sich, andere laufen zusammen. Einige Linien sind gut zu verfolgen, andere sind gestrichelt und verlaufen im Nichts.

Zusammen ergeben diese Linien einen Fingerabdruck. Ein Fingerabdruck ist etwas ganz individuelles und persönliches. Jeder Mensch hat seine eigenen Linien, die mit keinem anderen Menschen übereinstimmen. Der Fingerabdruck macht jeden Menschen unverwechselbar.

Auf dem Bild ist aber noch mehr zu sehen als ein Fingerabdruck. Durch die Linien hindurch deutet sich ein Gesicht an: dunkle Augenhöhlen, darüber der Haaransatz, in der Mitte etwas heller die Nase, weiter unten kann man die Lippen erkennen. Hinter dem Fingerabdruck steht ein Mensch, vielleicht ist er zehn, elf oder zwölf Jahre alt, so wie ihr. Dieser Mensch ist einmalig und unverwechselbar: mit seinen Gaben und Fähigkeiten, mit dem, was er kann und noch lernen möchte, mit dem, was ihm Spaß, und mit dem, was ihm Mühe macht.

So, wie ihr seid, kommt ihr zur neuen Schule oder in eine neue Jahrgangsstufe. So wie dieser Fingerabdruck, seid ihr einmalig und unverwechselbar.

Viele von euch haben sich auf die neue Schule gefreut. Wieder seid ihr größer und ein Stück selbständiger geworden. Ihr habt jetzt neue Lehrerinnen und Lehrer, ihr bekommt neue Fächer und ihr werdet neue Freundinnen und Freunde finden. Ihr werdet neue Erfahrungen machen und Neues kennen lernen.

Bei einigen von euch ist die Freude vielleicht nicht ganz ungetrübt. Einige machen sich auch Sorgen, haben Angst und Magengrummeln. Werde ich mich in der neuen Schule zurechtfinden? Werde ich mich in der neuen Klasse wohl fühlen? Werde ich mit der neuen Lehrerin klar kommen? Werde ich neben der Schule und den Hausaufgaben auch noch Zeit zum Spielen und für meine Hobbys haben?

Ich kann diese Sorgen gut verstehen und ich vermute, dass viele Schülerinnen und Schüler, die jetzt die sechste Klasse besuchen, vor einem Jahr mit dem gleichen Gefühl hier gesessen haben. Aber nach einem Jahr gehören sie jetzt zu den Größeren. Das Gymnasium ist nichts Neues mehr. Ein neuer Freundeskreis hat sich gefunden. Das Lernen klappt – vielleicht mal mehr und mal weniger. Aber: So, wie sie sind, haben sie sich in der neuen Situation zu Recht gefunden und sich eingelebt.

Das Gesicht im Fingerabdruck zeigt, dass jeder Mensch einmalig und unverwechselbar ist. „Du bist du, das ist der Clou!" Jede und jeder kann zu Gott kommen, so, wie er oder sie ist. Er nimmt uns an mit unseren Stärken und Schwächen, mit dem was wir gut können, und mit dem, was uns Mühe macht, an. Zu ihm dürfen wir immer kommen, denn er hält zu uns. Das ist der Clou!

LIED

Du bist du (Feiert Jesus 231)

AKTION

Du bist du, das ist der Clou! Alle, die heute hier sind, sind einmalig und unverwechselbar. Sie sind, wie Gott sie gewollt hat. Das wollen wir durch unsere Fingerabdrücke noch einmal veranschaulichen. Wer möchte kann nach vorne kommen und seinen Fingerabdruck abgeben.

Im Altarraum stehen rechts und links je eine Lehrerin mit einem weißen Plakatkarton und einem Stempelkissen. Die Schülerinnen und Schüler kommen nach vorn und geben einen Fingerabdruck ab. Die Aktion wird von leiser Musik begleitet.

LIED

Du bist du (Feiert Jesus 231)

ANSPRACHE II

Neben dem großen Fingerabdruck können wir jetzt eure vielen kleinen Abdrücke sehen. Jeder Abdruck ist einmalig und unverwechselbar. Gott will euch so, wie ihr seid: klein und groß, lustig und traurig, neugierig und manchmal unzufrieden. „Du bist du, das ist der Clou!". Zu Gott könnt ihr so kommen, wie ihr seid. Zu Gott könnt ihr immer kommen, wenn ihr Sorgen habt. Er hält zu euch. Er begleitet euch in den Familien und in der Schule. Mit seinem guten Segen ist er immer um euch. Amen.

FÜRBITTENGEBET UND VATERUNSER

Wir beten für uns und andere:

Schülerin 5:

Wir beten für alle Kinder, die in eine neue Schule wechseln mussten. Wir beten für die Kinder, die Angst haben und unsicher sind. Tröste sie und nimm sie in deine Arme. Lass sie bald neue Freunde finden und in der neuen Schule heimisch werden.

Schüler 6:
Wir beten für alle Kinder, die nicht gern zur Schule gehen und die Schwierigkeiten beim Lernen haben. Gib ihnen Eltern und Lehrerinnen und Lehrer, die sie unterstützen und ihnen helfen. Lass sie erfahren, dass Lernen Spaß machen kann.

Schülerin 7:
Wir beten für alle Kinder, die nicht zur Schule gehen können, weil sie arm sind und Geld verdienen müssen. Schenke ihnen Menschen, die ihnen den Schulbesuch ermöglichen, damit sie lernen dürfen.

Lehrerin:
Wir beten für alle Lehrerinnen und Lehrer: Lass sie die neuen Kinder vorurteilsfrei annehmen und viel Geduld mit ihnen haben. Lass sie die Freude am Unterrichten nicht verlieren. Amen.

Wir beten, wie Jesus Christus gebetet hat:

Vater unser im Himmel …

SEGEN
Gott segne dich und behüte dich.
Gott blicke dich freundlich an und sei dir gnädig.
Gott schenke dir seinen Frieden. Amen.

LIED
Halte zu mir guter Gott (Kindergesangbuch 8)

MUSIK

Stefan Carl

Entlassungsgottesdienst Sekundarstufe I

Zwischen Stress und Coolness

Leitgedanken

Zwischen den Eckpunkten des Lebenswandels im Allgemeinen und eines Schülerlebens im Besonderen (immerwährende Anforderungen, Stress und Gelassenheit, Coolness) pendelt die Aussage dieses Gottesdienstes zur Schulentlassung. Das Pendeln schlägt deutlich auf die Seite der Gelassenheit, der Coolness, besser: des Gottvertrauens, ausgedrückt in der Lesung „Sorget nicht …" aus der Bergpredigt (Mt 5f). Ausgelegt werden diese biblischen Worte durch ein Anspiel und die Predigt ausgehend von der *Anekdote zur Senkung der Arbeitsmoral* von Heinrich Böll.

Durchgeführt werden kann der Gottesdienst in der Kirche, in einer Schulaula oder auch einer Festhalle in ökumenischer und interreligiöser Gemeinschaft.

Vorbereitung

Die Szenenkulisse und Kleidung der Personen für das Anspiel können je nach Möglichkeiten gestaltet werden.

Für alle Gottesdienstteilnehmer liegen für die Gebetsaktion Karten in DIN A6 entsprechend der Vorlage und Stifte bereit.

Je nach Möglichkeiten erklingt Musik zur Liedbegleitung für Vor- und Nachspiel und für meditative Zwischenspiele (Orgel, Keyboard, Gitarre oder CD).

Die liturgischen Texte werden abwechselnd von Schülerinnen und Schülern, Eltern, Lehrerinnen und Lehrer gelesen.

Ablauf des Gottesdienstes

VORSPIEL

EINGANGSWORT
    Im Namen Gottes, des Liebenden,
    im Namen Jesu Christi, des Begleitenden,
    im Namen des Heiligen Geistes, des Erfrischenden.

BEGRÜSSUNG
    Liebe Schülerinnen und Schüler,
    wir sind einen gemeinsamen Weg gegangen.
    Wir wollen hier miteinander einen gemeinsamen Wegabschnitt
    abschließen.
    Aber wir wollen auch an den Weg denken, der vor uns liegt.
    Wir wollen hier ein Wort des Segens empfangen,
    das uns auf unseren Wegen begleiten soll,
    das uns Zuspruch und Anspruch sein soll.
    Der Zuspruch, dass Gott uns auf unseren Weg begleiten will,
    der Anspruch, dass wir uns von seinen Wegweisungen leiten lassen.
    Wir sind uns bewusst, dass wir nicht am Ziel angelangt sind,
    wir haben nur eine Station erreicht.
    Wir wissen, dass wir andere brauchen, die uns auf unseren Weg
    begleiten.
    Wir wissen, dass wir Mut für unseren Weg brauchen.
    Darum bitten wir Gott:
    „Zeige mir, o Herr, deine Wege, leite mich in deiner Wahrheit,
    denn du bis der Gott meines Heils, auf dich hoffe ich."

GEBET
    Gott, ich möchte wissen, wie ich das Leben finde.
    Ich möchte wissen, wem ich vertrauen kann.
    Ich möchte wissen, wer für mich Verantwortung trägt.
    Ich möchte wissen, zu wem ich gehöre.
    Ich möchte wissen, wo das Ziel ist.
    Ich möchte wissen, wofür es sich zu leben lohnt.
    Ich möchte wissen, wo ich Mensch sein kann.
    Ich möchte wissen, was Freiheit ist.
    Ich möchte wissen, was Freude ist.

Überlass mich nicht, o Gott, mir selber, sondern gib mir deinen
neuen, gewissen Geist,
der mir sagt, dass ich dir gehöre,
der mich frei macht, dass ich dir vertrauen kann,
der mir Freude gibt, die aus dir kommt.

LIED

Ins Wasser fällt ein Stein (EG 659)

LESUNG

Nach Matthäus 6,25ff

Jesus spricht:

Ich sage euch: Sorgt euch nicht angstvoll um euer Leben, was ihr
esst oder was ihr trinkt, auch nicht um euren Körper, was ihr
anzieht.

Ist nicht das Leben viel mehr als Essen, der Körper viel mehr als
Kleidung?

Seht euch die Vögel des Himmels an: sie säen nicht und ernten
nicht, sammeln auch keine Vorräte in Scheunen – und Gott, Vater
wie Mutter für euch, ernährt sie doch. Seid ihr nicht viel mehr wert
als sie?

Könnt ihr eurem Lebensalter auch nur eine kurze Strecke hinzu-
fügen, indem ihr euch Sorgen macht?

Und was sorgt ihr euch um Kleidung? Betrachtet die Blumen auf
den Feldern, wie sie sich im Wachsen entfalten: Sie mühen sich
nicht ab und spinnen kein Kleid.

Doch ich sage euch: Nicht einmal der König Salomo in all seinem Glanz war schöner gekleidet als eine dieser Feldblumen.
Wenn aber Gott selbst die Gräser auf dem Feld so bekleidet, das
Kraut, das heute da ist und morgen schon nicht mehr, um wie viel
mehr euch, ihr Menschen mit wenig Vertrauen!

So hört nun auf, euch zu sorgen und zu sagen: „Was werden wir
essen?"

Oder: „Was werden wir trinken?" Oder: „Womit werden wir uns
kleiden?"

Auf all dies richten die Menschen der Völker ihren Sinn.
Gott, Vater wie Mutter für euch, weiß ja, dass ihr dies alles braucht.
Sucht hingegen zuerst das Reich und die Gerechtigkeit Gottes, und
dies alles wird euch dazu geschenkt werden.

Sorgt euch deshalb nicht um morgen, denn morgen sorgt für
sich selbst.

Es reicht, wenn der Tag seine eigene Belastung hat.

GLAUBENSBEKENNTNIS

nach Dietrich Bonhoeffer

Ich glaube, dass Gott aus allem, auch aus dem Bösesten,
Gutes entstehen lassen kann und will.
Dafür braucht er Menschen, die sich alle Dinge zum Besten
dienen lassen.
Ich glaube, dass Gott uns in jeder Lage soviel Kraft geben will,
wie wir brauchen.
Aber er gibt sie nicht im Voraus, damit wir uns nicht auf uns selbst,
sondern auf ihn verlassen.
In solchem Glauben kann ich alle Angst vor der Zukunft überwinden.
Ich glaube, dass Gott mir Phantasie und Mut schenkt, das Leben
zu bestehen
und in der Welt glücklich zu sein.

MEDITATIVE MUSIK

ANSPIEL

*nach Heinrich Böll, Anekdote zur Senkung der Arbeitsmoral Köln
1994 (E = Erzähler, T = Tourist, F = Fischer)*

E In einem Hafen an der westlichen Küste Europas liegt ein
ärmlich gekleideter Mann im Liegestuhl an seinem Fischerboot
und döst. Ein schick angezogener Tourist legt eben einen neuen
Farbfilm in seinen Fotoapparat, um das idyllische Bild zu foto-
grafieren: blauer Himmel, grüne See mit friedlichen, schnee-
weißen Wellenkämmen, schwarzes Boot, rote Fischermütze.
Klick. Noch einmal; klick, und da aller guten Dinge drei sind ein
drittes Mal: klick.

Das spröde, fast feindselige Geräusch weckt den dösenden
Fischer, der sich schläfrig aufrichtet, schläfrig nach seiner Ziga-
rettenschachtel angelt, aber bevor er das Gesuchte gefunden hat,
hat ihm der eifrige Tourist schon eine Schachtel vor die Nase
gehalten, ihm die Zigarette nicht gerade in den Mund gesteckt,
aber in die Hand gelegt, und ein viertes Klick, das des Feuer-
zeuges, schließt die eilfertige Höflichkeit ab.

Durch jenes kaum messbare, nie nachweisbare Zuviel an
flinker Höflichkeit ist eine gereizte Verlegenheit entstanden, die
der Tourist – der Landessprache mächtig – durch ein Gespräch
zu überbrücken versucht.

T Sie werden heute einen guten Fang machen.

E Kopfschütteln des Fischers.

T Aber man hat mir gesagt, dass das Wetter günstig.

E Kopfnicken des Fischers.

T Sie werden also nicht ausfahren?

E Kopfschütteln des Fischers, steigende Nervosität des Touristen. Gewiss liegt das Wohl des ärmlich gekleideten Menschen ihm am Herzen, nagt an ihm die Trauer über die verpasste Gelegenheit.

T Oh, sie fühlen sich nicht wohl?

E Endlich geht der Fischer von der Zeichensprache zum wahrhaft gesprochenen Wort über.

F Ich fühle mich großartig, Ich habe mich nie besser gefühlt.

E Er steht auf, reckt sich, als wollte er demonstrieren, wie athletisch er gebaut ist.

F Ich fühle mich phantastisch.

E Der Gesichtsausdruck des Touristen wird immer unglücklicher, er kann die Frage nicht mehr unterdrücken, die ihm sozusagen das Herz zu sprengen droht:

T. Aber warum fahren Sie dann nicht aus?

E Die Antwort kommt prompt und knapp.

F Weil ich heute Morgen schon ausgefahren bin.

T War der Fang gut?

F Er war so gut, dass ich nicht noch einmal auszufahren brauche, ich habe vier Hummer in meinen Körben gehabt, fast zwei Dutzend Makrelen gefangen.

E Der Fischer, endlich erwacht, taut jetzt auf und klopft dem Touristen beruhigend auf die Schultern. Dessen besorgter Gesichtsausdruck erscheint ihm als ein Ausdruck zwar unangebrachter, doch rührender Kümmernis.

F Ich habe sogar für morgen und übermorgen genug. Rauchen Sie eine von meinen?

T Ja, danke.

E Zigaretten werden in Münder gesteckt, ein fünftes Klick, der Fremde setzt sich kopfschüttelnd auf den Bootsrand, legt seine Kamera aus der Hand, denn er braucht jetzt beide Hände, um seiner Rede Nachdruck zu verleihen.

T Ich will mich ja nicht in Ihre persönlichen Angelegenheiten mischen, aber stellen Sie sich mal vor, Sie fahren heute ein zweites, ein drittes, vielleicht sogar ein viertes Mal aus und Sie würden drei, vier, fünf, vielleicht gar zehn Dutzend Makrelen fangen … stellen Sie sich das mal vor.

E Der Fischer nickt.

T Sie würden nicht nur heute, sondern morgen, übermorgen, ja, an jedem günstigen Tag zwei-, dreimal, vielleicht viermal ausfahren – wissen Sie, was geschehen würde?

E Der Fischer schüttelt den Kopf.

T Sie würden sich in spätestens einem Jahr einen Motor kaufen können, in zwei Jahren ein zweites Boot, in drei oder vier Jahren könnten Sie vielleicht einen kleinen Kutter haben, mit zwei Booten oder dem Kutter wurden Sie natürlich viel mehr fangen – eines Tages würden Sie zwei Kutter haben, Sie würden…

E Die Begeisterung verschlägt ihm für ein paar Augenblicke die Stimme.

T Sie würden ein kleines Kühlhaus bauen, vielleicht eine Räucherei, später eine Marinadenfabrik, mit einem eigenen Hubschrauber herumfliegen, die Fischschwärme ausmachen und Ihren Kuttern per Funk Anweisung geben. Sie könnten die Lachsrechte erwerben, ein Fischrestaurant eröffnen, den Hummer ohne Zwischenhändler direkt nach Paris exportieren – und dann…

E Wieder verschlägt die Begeisterung dem Fremden die Sprache, kopfschüttelnd, im tiefsten Herzen betrübt, seiner Urlaubsfreude schon fast verlustig, blickt er auf die friedlich hereinrollende Flut, in der die ungefangenen Fische munter springen.

T Und dann …

E Aber wieder verschlägt ihm die Erregung die Sprache.

F (klopft ihm auf den Rücken, wie einem Kind, das sich verschluckt hat), (leise) Was dann?

T Dann, dann könnten Sie beruhigt hier im Hafen sitzen, in der Sonne dösen und auf das herrliche Meer blicken.

F Aber das tu ich ja schon jetzt, ich sitze beruhigt am Hafen und döse, nur Ihr Klicken hat mich dabei gestört.

E Tatsächlich zog der solcherlei belehrte Tourist nachdenklich von dannen, denn früher hatte er auch einmal geglaubt, er arbeite, um eines Tages einmal nicht mehr arbeiten zu müssen, und es blieb keine Spur von Mitleid mit dem ärmlich gekleideten Fischer in ihm zurück, nur ein wenig Neid.

PREDIGT
Die Lebensliebe Gottes sei mit euch und die Lebenskraft Christi und die Lebensweisheit des Heiligen Geistes. Amen.

Liebe Schülerinnen und Schüler, liebe Eltern, liebe Lehrerinnen und Lehrer,

eine fast biblische Geschichte haben wir da gerade eindrucksvoll erlebt. Fast biblisch, weil sie vom Schriftsteller Heinrich Böll stammt und nicht in unserer Bibel steht.

Fast biblisch, weil einige Jünger Jesu auch Fischer von Beruf waren. Fast ganz biblisch, wegen der Gedanken, die uns ansprechen.

Zwei Lebensweisen werden vorgestellt. Und für eure, die Lebensweise seiner Menschen interessiert sich Gott sehr. Darum steht viel darüber in der Bibel.

Zwei Lebensweisen – ganz verschieden.

Muss man sie auseinander halten oder lassen sie sich vereinbaren? Entscheidet selbst und entscheidet klug über eure Zukunft, euer Leben.

Zur ersten Lebensweise:

Der Tourist kann den Hals nicht voll kriegen. Er verschluckt sich an seinen Träumen von immer mehr Reichtum. Er macht sich Stress und verlagert sein Lebensglück auf einen fernen Tag. Hoffentlich wird er ihn auch erleben und nicht vorher sterben. Das Leben ist zu Ende, bevor es für den Raffgierigen angefangen hat.

Der Tourist bekommt von mir den Stempel: Stress.

Der Fischer bekommt den Stempel: cool, gelassen.

Er ist ja nun nicht faul oder gleichgültig. Er hat aber eine ganz andere Lebenseinstellung als der Tourist. Er ist gelassen. Hat er Gottvertrauen?

Wir hörten so etwas Ähnliches schon in der Lesung vorhin. Keine Sorgen um die Zukunft, so lautet die Devise. Wir können die Zukunft unseres Lebens gar nicht so präzise planen, wie manche meinen. Es reicht, an heute und morgen zu denken und die Zukunft vertrauensvoll in Gottes Hand zu legen.

Vermutlich haben sich einige von ihnen, jüngere und ältere innerlich zurückgelehnt und gedacht: Ja, ja: Der Fischer macht's richtig. Der macht's gut. Der hat's gut. Und dann kommt *das große Aber*.

Aber die Schule, die Zensuren, die Versetzung, kurz der Schulstress. Das habt ihr geschafft. Aber die Zukunft: Ausbildung und Beruf sollen doch gelingen. Aber der Freizeitstress. Immer mehr, immer neues muss her. Die Elektronikindustrie verlangt von dir, dass du bald einen schnelleren Computer, bessere Spiele, bessere Musikanlagen, noch kleinere MD-Player, noch bessere Handys hast. Das kann stressig werden und teuer. Aber mehr sportliche Aktivitäten, mehr musische Betätigung. Terminstress. Später im Beruf heißt es Karriere zu machen, also Stress.

Und dann, wenn man alles geschafft hat, alles kann, alles hat, dann fängt das Leben an, oder das, was man dafür hält, das, was noch übrig geblieben ist.

An Krankheit und Frust durch den ewigen Stress darf man gar nicht denken.

Also doch lieber ein Fischerleben?

Vielleicht etwas bescheidener, dafür aber sicherlich glücklicher und zwar sofort. Wir werden wohl immer zwischen diesen beiden Lebensweisen von Fischer und Tourist hin und herpendeln. Muss ich erst mal richtig ranklotzen, bis dann das herrliche Leben beginnen kann?

Oder ist im Endeffekt weniger – mehr? Sollen wir uns Sorgen machen um die Zukunft, oder sollen wir mit Gottvertrauen hoffen, dass es schon gut weitergeht mit uns, mit den Kindern, mit der ganzen Welt?

Der Fischer scheint keinen Zweifel zu haben, dass das Meer immer genug Arbeit und Lohn für ihn bereit hält. Indem er nichts tut, nicht so schnell wie möglich soviel wie möglich fischt, also indem er nichts tut, tut er etwas sehr Wichtiges: Er lässt das Meer und die Fische auch leben. Wie wichtig das ist, dass wissen wir heute noch besser als der Fischer.

Indem man nichts tut, nichts so schnell wie möglich so viel wie möglich zu erreichen versucht, indem man mal nichts tut, macht man manchmal etwas Lebenswichtiges. Man ist gelassen und vertraut Gott die Zukunft an.

Heute heißt es: Sorgt euch nicht um euer Leben, Gott sorgt für euch. Die Schulzeit hier habt ihr hinter euch. Lebt befreit von krankmachendem Stress. Genießt das Leben, sofort. Für Morgen und Übermorgen werdet ihr genug haben, und für eine glückliche Zukunft auch.

Die Lebensliebe Gottes sei mit euch und die Lebenskraft Christi und die Lebensweisheit des Heiligen Geistes. Amen.

LIED

Ich lobe meinen Gott (EG 673)

AKTION

Die Gottesdienstgemeinde schreibt Fürbitten auf die verteilten bzw. ausgelegten Karten, dazu meditative Musik.

LIED

Wenn das Brot, das wir teilen (EG 667)

FÜRBITTENGEBET UND VATERUNSER
Die Karten werden eingesammelt und von Schülerinnen und Schülern, Eltern und Lehrkräften vorgetragen.

LIED
Komm Herr, segne uns (EG 170,1-3)

SENDUNG UND SEGEN
Endlich einer, der sagt: „Selig die Armen!"
und nicht: „Wer Geld hat, ist glücklich!"
Endlich einer, der sagt: „Liebe deine Feinde!"
und nicht: „Nieder mit den Konkurrenten!"
Endlich einer, der sagt: „Selig, wenn man euch verfolgt!"
und nicht: „Passt euch in jeder Lage an!"
Endlich einer, der sagt: „Der Erste soll der Diener sein!"
und nicht: „Zeige, wer du bist!"
Endlich einer, der sagt: „Was nützt es dem Menschen, wenn er die ganze Welt gewinnt!" und nicht: „Hauptsache vorwärts kommen!"
Endlich einer, der sagt: „Wer an mich glaubt, wird leben!"
und nicht: „Was tot ist, ist tot!"
Keinen Tag soll es geben, an dem du sagen musst:
„Ich halte es nicht mehr aus."
Keinen Tag soll es geben, an dem du sagen musst:
„Es ist keiner da, der mir aufhilft und mit mir weitergeht."
Gott begleitet dich auf allen Wegen, wohin sie auch führen.
Es segne dich der barmherzige Gott, der Vater, der Sohn du der Heilige Geist. Amen.

NACHSPIEL

Manfred Karsch

Entlassungsgottesdienst Sekundarstufe I

Lebenswege entstehen beim Gehen

Leitgedanken

Mit der Schulentlassung aus der Sekundarstufe I differenzieren sich die Lebenswege der Schülerinnen und Schüler: Während einige eine berufliche Ausbildung antreten werden, wechseln andere in die verschiedenen Schulformen der Sekundarstufe II und der berufsbildenden Schulen. Schließlich gibt es eine zahlenmäßig nicht unerhebliche Gruppe von Schülerinnen und Schülern, die in eine *Warteschleife* im Hinblick auf ihre weiteren Schul- und Ausbildungsziele treten, weil ihnen der erhoffte Ausbildungsvertrag versagt geblieben ist. Zukunftsperspektiven werden als in Erfüllung gegangene oder zerplatzte Lebensträume erfahren. Der Gottesdienstentwurf versucht, diese Lebensträume der 16–18jährigen Schülerinnen und Schüler zur Sprache zu bringen und mit den Höhen und Tiefen des Lebensweges von Paul Gerhardt ins Gespräch zu bringen.

Vorbereitung

Als Motivation, sich mit seinen eigenen Lebenswegen auseinanderzusetzen, diente im Unterricht ein Galeriegang mit Bildern und Texten aus dem Bilderbuch von Rose Lagercrantz, Treppauf Treppab oder die Alterstreppe, Hamburg: Friedrich Oetinger Verlag, 1993. Klischeehaft werden darin stereotype Lebenswege von Jungen/Männern und Mädchen/Frauen bildreich dargestellt. Die Klischees fordern zur *Gegendarstellung* in Form von individuellen *Alterstreppen* heraus, die in zunächst geschlechtshomogenen Kleingruppen und dann exemplarisch im Plenum der Lerngruppe vorgestellt werden und für den Gottesdienst aufbereitet werden.

Anhand des Liedes *Befiehl du deine Wege* von Paul Gerhardt (EG 361; Einspielung im Unterricht in einem modernen Arrangement von Sarah Kaiser auf der CD: Sarah Kaiser, Gast auf Erden, Asslar: Gerth Medien GmbH, 2003) werden die erfahrenen und erträumten Lebenswege der Schülerinnen und Schüler mit den Höhen und Tiefen des Lebensweges Paul Gerhardts konfrontiert. Impulse aus diesem Unterrichtsgespräch werden in Texte für das Fürbittengebet eingebracht.

Anhand der Bibeltexte Gen 12,1ff (Die Berufung des Abraham), Rut 1 (Rut und Noomi) und Mk 2,13f (Die Berufung des Levi) wird ein Gespräch initiiert über die Frage: „Was passiert, wenn ein Mensch auf ganz andere, unbekannte Lebenswege gebracht wird?" Die sich daraus ergebenden Texte werden im Gottesdienst vorgetragen.

Verkehrsschilder zeigen Richtungen, Gefahren, Verbote und Gebote auf Wegen an. In einem weiteren Unterrichtsschritt haben die Schülerinnen und Schüler auf Fotokarton Verkehrsschilder gemalt unter der Fragestellung: „Welches Verkehrszeichen passt zu meinen Erwartungen an meinen Lebensweg?" Wer wollte, hat ein Lebensmotto, einen Satz aus der Bibel oder einen anderen Satz, dazugeschrieben. Wenn möglich, kann der Unterrichtende eine Vorschlagsliste auslegen. Die Verkehrsschilder wurden im Gottesdienstraum an Fäden kreuz und quer über den Köpfen der Gottesdienstbesucher angebracht.

Ablauf des Gottesdienstes

MUSIK UND BEGRÜSSUNG

LIED

> Herr, deine Liebe ist wie Gras und Ufer (EG 663)

EINGANGSWORTE

> Im Namen des Vaters, der uns allen das Leben geschenkt hat
> und im Namen des Sohnes, aus dessen Leben und Sterben die Liebe Gottes wächst,
> und im Namen des Heiligen Geistes, der unserem Leben Kraft und Hoffnung schenkt. Amen.

GEBET

> *Von mehreren Sprechern und Sprecherinnen vorgetragen.*

> Lieber Vater im Himmel,
> wir sind hier miteinander versammelt, weil wir einen besonderen Gottesdienst feiern wollen. Für uns Jungen und Mädchen geht bald die Zeit der Schule zu Ende. Das wollen wir heute besonders feiern. Und wir bitten dich, dass du jetzt bei uns bist.

> Wir denken heute an die gemeinsame Zeit, die hinter uns liegt. Sechs Jahre und mehr waren wir auf unserer Schule. Wir haben gute Erfahrungen gemacht und haben Schlechtes erlebt. Wir wollen es nicht verschweigen: Manches ist uns schwer gefallen. Lachen und Weinen lagen manchmal nahe beieinander.

Wir sind heute aufgeregt. Es ist nicht selbstverständlich, hier vorn zu stehen und vor so vielen Menschen zu sprechen. Wir bitten um den Mut und die Freude, heute über die Gedanken zu sprechen, die wir uns über unser Leben gemacht haben.

Lieber Vater,
wir alle wünschen uns einen Gottesdienst, der Freude macht und aus dem wir fröhlich nach Hause gehen. Darum bitten wir dich. Amen.

PSALM
Der Psalm wird von mehreren Sprechern und Sprecherinnen gesprochen. Den Kehrvers aus Psalm 37,5 sprechen alle mit.

Befiehl dem Herrn deine Wege
und hoffe auf ihn;
er wird's wohl machen.

Mein Leben ist wie ein Weg.
Es begann mit meiner Geburt:
Ich wurde nicht gefragt, wo und wann ich geboren werden wollte,
wer mein Vater ist und wer meine Mutter,
wie viele Geschwister ich habe,
ob meine Familie arm ist oder reich.
Aber es waren Menschen da, die für mich gesorgt haben,
die mich begleitet haben und mich nicht allein gelassen haben.
Werde ich meinen Weg finden?

Befiehl dem Herrn deine Wege
und hoffe auf ihn;
er wird's wohl machen.

Mein Leben ist wie ein Weg.
Auf meinem Lebensweg entdecke ich überall die Spuren anderer Menschen.
Wer bin ich eigentlich unter all den Menschen?
Bin ich wichtig oder unwichtig?
Werde ich beachtet und geschätzt oder nimmt keiner Notiz von mir?
Werde ich es zu etwas bringen oder nennt man mich später einen Looser?
Manchmal habe ich Angst, dass nichts aus mir wird und ich auf der Strecke bleibe.
Werde ich meinen Weg finden?

Befiehl dem Herrn deine Wege
und hoffe auf ihn;
er wird's wohl machen.

Mein Leben ist wie ein Weg.
Aber manche Wege sind ganz schön schwer.
Der Schulweg war nicht immer einfach.
Leistung wurde von mir gefordert.
Nicht immer habe ich alles geschafft.
Manchmal hat man mich falsch beurteilt
und manchmal war ich richtig gut.
Oft hat sich das geändert, von Schulstunde zu Schulstunde,
von Tag zu Tag.
Werde ich meinen Weg finden?

Befiehl dem Herrn deine Wege
und hoffe auf ihn; er wird's wohl machen.

LIED

Der Himmel geht über allen auf (EG 611)

SPRECHSZENE

Wenn Menschen auf neue Weg gebracht werden.
Die folgenden Texte sind von Schülerinnen und Schülern aus den
im Unterricht besprochenen Bibeltexten entstanden. Die Texte wer-
den von mehreren Schülerinnen und Schülern vorgetragen.

Unser Leben ist wie ein Weg, den wir gehen. Manche Wege gehen
wir gemeinsam, manchmal müssen wir unseren Lebensweg alleine
gehen. Manche Lebenswege sind alt und bekannt. Viele Menschen
sind sie schon gegangen. Manche Lebenswege aber gehen auf neues
Land. Keiner ist diesen Weg gegangen. Dieser Weg ist reich an Risi-
ken und Gefahren, aber auch voller Überraschungen.

In der Bibel wird immer wieder erzählt, wie Gott Menschen auf
einen neuen Lebensweg führt und sie dabei begleitet. Im Alten
Testament wird von *Abraham* erzählt. Gott lädt ihn ein, einen
neuen Weg zu gehen. Es soll sich von seiner Familie trennen und
aus seinem Heimatland wegziehen in ein fremdes Land. Einen
neuen Weg soll Abraham gehen. Gott sagt ihm:

Ich will dich segnen und dich zum Stammvater eines mächtigen
Volkes machen. Dein Name soll in aller Welt berühmt sein. An dir
soll sichtbar werden, was es bedeutet, wenn ich jemanden segne.

Manchmal ist es wichtig, wenn zwei Menschen ein Stück ihres
Lebensweges gemeinsam gehen. Davon erzählt die Geschichte von
Rut und ihrer Schwiegermutter Noomi. Beide haben viel Leid auf
ihrem Lebensweg erlebt. Rut sagt zu Noomi:

Ich gehe nicht weg von dir! Wohin du gehst, dorthin gehe ich auch.
Wo du bleibst, da bleibe ich auch. Dein Volk ist mein Volk und
dein Gott ist mein Gott.

Im Neuen Testament steht die Geschichte von *Levi*. Levi ist ein Zolleinnehmer und bei seinen Mitmenschen nicht gut angesehen. Jesus zeigt ihm einen neuen Lebensweg. Er sagt zu ihm:

„Komm, folge mir nach!" Und Levi ließ alles zurück, stand auf und folgte ihm nach.

Immer wieder werden Menschen von Gott auf einen neuen Lebensweg geschickt. Und Gott begleitet sie.

Lied

Wohin soll ich gehen? (Liederbuch für die Jugend 677)

Sprechszene

Unsere Lebenswege: Bis hierher und dann weiter …

Die folgenden Texte sind von Schülerinnen und Schülern aus den im Unterricht entwickelten Alterstreppen entstanden. Die Texte werden von mehreren Schülerinnen und Schülern vorgetragen. Während des Vortrags halten andere Schülerinnen und Schüler wie beim Eiskunstlauf Bewertungskarten in die Höhe.

Unsere Lebenswege laufen nicht immer geradeaus. Manchmal geht es hoch hinaus und dann wieder tief hinab.

Wir haben uns Gedanken über unseren Lebensweg gemacht. Auf unseren Lebenstreppen geht es rauf und runter, von Plus 5 bis Minus 5. Wir haben dabei zurückgeblickt, was wir bisher erlebt haben und wir haben überlegt, wie unser Lebensweg wohl weitergehen könnte. Aus all den Lebenstreppen haben wir zwei beispielhafte Lebenstreppen eines Jungen und eines Mädchens gemacht, die wir euch nun vorstellen wollen. Die Jungen fangen an:

Alles begann natürlich mit meiner Geburt. Meine Geburt war ganz schön. Ich habe davon zwar nicht viel mitbekommen, aber nun lebe ich. Dafür gibt es eine Plus 5.

Im Kindergarten habe ich immer viel Spaß gehabt. Ich habe dort viele Freunde gefunden. Diese Station bekommt eine Plus 5.

Der Schulanfang war zunächst ganz toll. Aber dann wurde es immer schwerer. Deshalb gibt es nur eine Plus 1.

Meine Geschwister nerven mich manchmal, aber ohne sie wäre es auch blöd. Ich kann mich nicht entscheiden und gebe deshalb ein Null.

Meine erste Freundin war sehr aufregend und mal was Neues in meinem Leben. Sie bekommt eine Plus 4.

Die Schulzeit war manchmal toll und manchmal langweilig, am besten haben mir die Klassenfahrten gefallen. Insgesamt gibt es eine Plus 2.

Nun geht es in meine Zukunft. Auf den Führerschein habe ich schon lange gewartet. Jetzt habe ich meine Freiheit. Leider habe ich noch kein eigenes Auto. Deshalb nur eine Plus 2.

Irgendwann muss ich zur Bundeswehr oder zum Zivildienst. Ich weiß noch nicht, wofür ich mich entscheiden werde. Dafür gibt es eine Minus 2. Dann studiere ich. Das ist manchmal ziemlich stressig, also nur eine Plus 1.

Endlich verdiene ich mein eigenes Geld. Was kostet die Welt? Eine Plus 3. Und dann bin ich endlich verheiratet. Wir bekommen Kinder, aber nicht so schnell. Darauf freue ich mich. Also gibt es eine Plus 4. Aber als sie da sind, kann ich nachts kaum noch schlafen. Deshalb nur noch eine Plus 3.

Dazwischen tut sich nun nichts mehr Weltbewegendes. Jetzt bin ich alt und schon Rentner. Manchmal ist es langweilig, weil ich nicht weiß, was ich machen soll. Dafür gibt es ein Plus 2.

Nun sind wir Mädchen an der Reihe. Natürlich wurden wir auch geboren und die meisten von uns wurden nach etwa 3 Monaten getauft. Dafür gibt es eine Plus 5.

Als wir anfingen zu laufen, konnten wir unsere Eltern richtig nerven. Das hatte den Vorteil, dass wir zur Erziehung in den Kindergarten geschickt wurden. Also gibt es eine Plus 3.

Als wir mit sechs Jahren intelligent genug waren, schickte man uns zur Schule. Wenn wir an die Grundschule zurückdenken, glauben wir, dass sie eigentlich gar nicht so schlecht war. Denn heute werden wir noch mehr von Hausaufgaben und anderen Arbeiten gequält. Für die Grundschule gibt es eine Plus 4.

Und stellt euch vor: Jetzt sind wir schon längst aus dem Grundschulalter heraus und werden erwachsen. Jetzt haben wir bald unsere Schulzeit hinter uns. Dafür gibt es eine Plus 5.

Mit achtzehn Jahren wollen viele von uns das Abitur machen. In dieser Zeit wollen wir auch versuchen, unseren Führerschein zu bekommen. Nun sind wir fast erwachsen. Viele von uns Mädchen wollen irgendwann einmal ein eigenes Pferd haben. Dafür gibt es eine Plus 4.

Manche wollen danach studieren. Danach gibt es scheinbar viele Hochzeiten und schließlich hellblaue und rosa Kleider für die vielen Kinder. Auch dafür gibt es eine Plus 4.

Manche wollen ein eigenes Haus. Die meisten rechnen damit, mit 90 oder 100 Jahren zu sterben. Dafür gibt es eine Null.

Vielleicht habt ihr es gemerkt: Vieles, was wir erlebt haben und vieles von dem, was wir uns für die Zukunft wünschen, hat ein Plus verdient. Das ist nicht immer so. Gleich wollen wir euch von einem Menschen erzählen, dessen Leben auf und ab geht. Das Lied, das wir jetzt singen, hat dieser Mann geschrieben.
Er heißt Paul Gerhardt.

LIED

Befiehl du deine Wege, Str. 1–5 (EG 361)

SPRECHSZENE

Der Lebensweg eines Christen: Paul Gerhardt

Der Text wird von mehreren Sprecherinnen und Sprechern vorgetragen. Wenn möglich, kann währenddessen ein Bild von Paul Gerhardt eingeblendet werden. Bilder von Paul Gerhardt findet man mit einer Bildersuchmaschine im Internet.

Als wir dieses Lied gesungen haben, haben manche von euch sicher gedacht:
O Schreck, das ist ja ein Beerdigungslied. Aber eigentlich ist es gar nicht ein Lied, das Trauernde trösten soll, sondern ein Lied, das Menschen fröhlich machen soll und ihnen Hoffnung und Mut zuspricht.

Dieses Lied ist ein richtiges Lebenslied. Denn mit diesem Lied erzählt Paul Gerhardt sein bewegtes Leben. Anders als bei uns geht es da auf und nieder. Wir wollen euch von seinem Leben erzählen. Dazwischen hört ihr Texte aus den Strophen seines Liedes.

Befiehl du deine Wege und was dein Herze kränkt …

Der kleine Paul wird am 12. März 1607 in Gräfenhainichen geboren. Das ist ein kleiner Ort in Sachsen. Sein Vater war Gastwirt und außerdem Bürgermeister des Ortes, die Mutter war eine Pfarrerstochter. Eigentlich fing alles gut an in seinem Leben.

Doch 1618, als Paul neun Jahre alt ist, beginnt der 30jährige Krieg, der überall in Europa Zerstörung und Gewalt mit sich bringt. Pauls Elternhaus wird während einer Plünderung durch Soldaten zerstört.

Und ob gleich alle Teufel hier wollten widerstehn, so wird doch ohne Zweifel, Gott nicht zurücke gehen.

Schon im ersten Kriegsjahr stirbt Pauls Vater, seine Mutter zwei Jahre später. Paul ist Vollwaise. Sein Onkel übernimmt die Gastwirtschaft. Paul scheint noch einmal Glück gehabt zu haben. Doch schon kurze Zeit später stirbt der Onkel mit seiner ganzen Familie an der Pest.

Er wird zwar eine Weile mit seinem Trost verziehn… als frag er nichts nach dir.

Das Waisenkind Paul bekommt einen Vormund. Was für ein Glück! Denn Paul darf die berühmte Schule in Grimma besuchen. Doch kaum ist er dort, wütet auch in Grimma die Pest. Die Schule wird geschlossen. Viele seiner Mitschüler sterben.

Erwarte nur die Zeit, so wirst du schon erblicken, die Sonn der schönsten Zeit.

1628, mit 19 Jahren scheint es wieder treppauf mit Paul zu gehen. Er besucht die Universität in Wittenberg und studiert Theologie. Als er mit dem Studium fertig ist, findet er keine Pfarrstelle. Er unterrichtet die Kinder reicher Leute als Hauslehrer. Er selbst verdient sehr wenig.

Auf, auf, gib deinem Schmerze und Sorgen gute Nacht …

Erst mit vierundvierzig Jahren bekommt Paul eine Pfarrstelle und nun auch genug Geld, um zu heiraten. Und er bekommt eine Tochter. Was für ein Glück! Doch die Tochter stirbt bald nach der Geburt.

Wohl dir, o Kind der Treue, du hast und trägst davon mit Ruhm und Dankgeschrei den Sieg und Ehrenkron.

Dann, 1657, macht Paul einen richtigen Karrieresprung. Er wird Pfarrer an der Nicolai-Kirche in Berlin. Aber schon neun Jahre später legt er sich mit seinen Vorgesetzen an und wird entlassen. Dann stirbt seine Frau. Von den sechs gemeinsamen Kindern sterben fünf.

Mach End, o Herr, mach Ende, mit aller unsrer Not …

Am Ende seines Lebens lebt Paul in einem Dorf im Spreewald. Seinem dreizehn Jahre alten Sohn schreibt er ins Testament: „Er möge sich nicht daran kehren, dass er nur wenige gute Tage habe möchte. Da weiß Gott schon Rat."

Ihn, ihn lass tun und walten, er ist ein weiser Fürst, und wird sich so verhalten, dass du dich wundern wirst.

Paul Gerhardts Lebenslied hat 12 Verse. Jeder Vers beginnt mit einem Wort aus dem fünften Vers des 37. Psalms. Wenn man alle Anfangsworte nacheinander liest, kommt folgender Satz dabei heraus, den wir schon gemeinsam gesprochen haben:

Befiehl dem Herrn deine Wege
und hoffe auf ihn;
er wird's wohl machen.

Wir haben Gottes Spuren festgestellt (EG 648)

ANSPRACHE

Liebe Gemeinde,
nun steh ich hier, im Schilderwald, im Lebensschilderwald. Wo soll's eigentlich langgehen?

Hinweisschilder entdecken wir, die die Richtung angeben; Parkschilder, die für Ruhe sorgen; Vorfahrtsschilder, die freie Bahn versprechen; selten nur ein Verbotsschild, das Halteverbot oder gar STOPP oder eines von den Rot umrahmten Verkehrszeichen, die uns auf die eine oder andere Gefahr hinweisen, suchen wir vergeblich.

Um ehrlich zu sein, liebe Schülerinnen und Schüler, ich habe auch nichts anderes erwartet, als es eure Aufgabe war, euren Erwartungen an das Leben, das vor euch liegt, ein solches Zeichen zu zuordnen. Vielmehr hätte es mich schon überrascht, wenn sich ein junger Mensch ein Stopp-Schild auf den Lebensweg malt und damit sich selbst etwas in den Weg legt.

Und doch haben wir in den vergangenen Wochen so ein wenig, wenn auch von euch unbemerkt, mit solch einem Stoppschild gearbeitet. Denn wer im Straßenverkehr an solch ein Schild kommt, der hält und blickt sich nach allen Seiten um, bevor es weitergeht. Ich überlege dann und halte Ausschau danach: „Was kommt auf mich zu, was könnte mir, von rechts und von links, in die Quere kommen?" Und manchmal schaut man dazu auch in den Rückspiegel, hinter sich. „Was liegt hinter mir, was könnte mir in den Rücken fallen?"

Es ist ja oft gar nicht so einfach das, was hinter einem liegt, zu bewerten. Vielleicht tun deshalb nicht nur ihr, sondern auch wir Erwachsenen uns damit so schwer, einmal so ein Stopp-Schild ins Leben zu stellen und zurückzublicken. Manches im Leben hat meist seine zwei Seiten, kann gar nicht in jene Skala von Minus 5 bis Plus 5 eingeordnet werden. Und manche Bewertung, die ihr vorgenommen habt, würde vermutlich ganz anders ausfallen, wenn eure Eltern, Lehrerinnen und Lehrer jetzt die Chance gehabt hätten, die Bewertung vorzunehmen.

Der Blick auf eure Lebensweg-Treppen macht mir allerdings auch deutlich: Wir leben auf hohem Niveau. Selten ist es, dass die Skala mal tief ins Minus rutscht. Der Durchschnitt der Maßstäbe, mit denen ihr euer Leben bisher bewertet, konnte hoch liegen und die Fieberkurve der Erwartungen über diese Zeit hinaus sinkt kaum ab bis zu dem Punkt, an dem die meisten von euch mit 90 Jahren alt und lebenssatt sterben wollen.

Ein Lächeln liegt uns Erwachsenen da auf den Lippen, ein heimliches *Wenn-die-wüssten* drängt sich auf. Aber wir Erwachsenen brauchen uns hinter solchen Lebenskurven vermutlich kaum zu verstecken. Sicher hat uns die Erfahrung in manchen Dingen anderes gelehrt, ob wir von diesen Erfahrungen aber auch gelernt haben, unsere Lebensperspektiven auf ein anderes Niveau zu bringen, mag die Frage sein. Wir leben in einer Welt der Komparative – *höher, schneller, weiter* – die Technik diktiert die Taktfrequenz unseres Lebens. Das, was wir wissen und das, was wir können, übersteigt zumeist das, was wir dürfen und das, was wir sollen. Mit dem Hinweis auf unsere Freiheit, die wir uns nehmen, bewahren oder gar verteidigen, wird häufig alles gerechtfertigt, was wir tun. Aber ist Freiheit grenzenlos?

Freiheit, so beschrieb neulich jemand in einem Bild, Freiheit ist wie das Wasser in einem Swimmingpool, den ich auf eine große, unendlich weite Fläche stelle. Solange das Wasser im Pool ist, ist es zu etwas nütze, ich kann mich darin erholen, schwimmen, plantschen. Die Wände als Grenzen bewahren die Freiheit. Nehme ich die Wände weg, zerfließt das Wasser, verläuft die Freiheit zwar grenzenlos, aber was nützt das Wasser, was nützt die Freiheit dann: es verteilt sich alles dünn überall hin, so dass ich mir kaum die Füße darin nass machen kann.

Manchmal braucht es jene Rahmen, damit ich entdecke, in welchen Grenzen ich meine Freiheit leben kann. Unser Glaube bietet solch ein Rahmen an, die Freiheit zu bewahren. Und dabei ist er in unserer Lebenswelt – das muss uns allen deutlich sein – einer von vielen Anbietern solcher Lebensrahmen geworden. Andere Anbieter drängen auf dem Markt der Wahrheiten. Und die Rahmen, die die Freiheit bewahren sollen, sind dabei oft aus ganz anderem Holz geschnitzt.

Der Rahmen, den unser Glaube anbietet, heißt VERTRAUEN.

Aber ist dieser Rahmen heute nicht wurmstichig geworden? Ist Vertrauen eine Lebensperspektive oder ist es eher Gängelband der Kindheit, das es nun gilt, loszuwerden: *Vertrauen ist gut, Kontrolle ist besser?*

Bevor wir es selbst versuchen, bietet es sich an, von anderen zu lernen. In der zurückliegenden Zeit haben wir uns nicht nur mit unseren eigenen Lebenswegen beschäftigt, sondern auch mit dem Lebensweg Paul Gerhardts, dessen Lebenskurve mit ihrem auf und ab vermutlich eher der eines Patienten mit Herzrhythmusstörungen gleicht als den unsrigen auf hohem Niveau. Sein Lebenslied *Befiehl du deine Wege*, das bei uns leider in den Ruf eines Beerdigungsliedes gekommen ist, erzählt von seinem Vertrauen in die Begleitung und Bewahrung durch Gott. Hinein gewoben in seine Verse hat er das Psalmwort, das wir eben schon gemeinsam gesprochen haben und das wir an unseren Kirchenwänden lesen können:

„Befiehl dem Herrn deine Wege und hoffe auf ihn; er wird's wohl machen."

Es ist keine dichterische Spielerei, wenn er jedem dieser zwölf Verse seines Liedes durchlaufend ein Wort aus diesem Psalmvers voranstellt. Wie eine Linie, die die Etappen seines Lebens begleitet, durchzieht dieser Vers das Lied.

Befiehl dem Herrn deine Wege und hoffe auf ihn; er wird's wohl machen.

Vermutlich hat sich jener Paul Gerhardt sein Leben auch ganz anders vorgestellt. Jene Berg- und Talfahrt des Lebens war ihm wohl ebenso wenig in die Wiege gelegt, wie die Wege, die er tatsächlich gegangen ist: Krieg und Pestepidemien, Todesfälle und politischer Druck von oben, der ihm den Mund verbietet, wechseln sich ab mit jenen – wir würden vielleicht sagen: glücklichen Fügungen die immer wieder Wendepunkte in seinem Leben einläuten, Menschen, die ihn auf einen neuen Weg bringen oder die ihm, auch in schweren Zeiten, neue Richtungen zeigen oder Wege mit ihm gehen, die für ihn allein zu schwer sind.

Das Stichwort heißt immer wieder VERTRAUEN.

Lebenswege entstehen beim Gehen – so könnte man die Lebenserfahrung dieses Mannes umschreiben. Es ist mir nichts und es wird mir nichts vorgegeben. Alles aber bewegt sich im Rahmen meiner und das heißt des Menschen Möglichkeiten. Das Vertrauen in Gott begrenzt nicht meine Lebensfreiheit, sondern beschützt sie, bewahrt sie.

Aber es ist ein wichtiges Motiv: *Lebenswege entstehen beim Gehen!* Neuland erschließt sich nur durch Wege.

Und manchmal brauchen wir dann den *Mut zum Brückenbauen* gerade dann, wenn sich in unserem Leben Abgründe auftun. Vertrauen heißt dann auch: „Ich kann den ersten Schritt wagen!"

Liebe Gemeinde,

*(aus: Werner Jank/Hilbert Meyer, Didaktische Modelle,
Berlin: Cornelsen Verlag, 1991, 285)*

HÄGAR gehört zu meiner allmorgendlichen Frühstückslektüre in
unserer Tageszeitung. Seine Lebensweisheiten sind zwar oft nicht
tiefsinniger als mancher Bibelvers, stattdessen aber oft amüsanter.
Und manchmal trifft sich seine Lebensweisheit mit denen der
Bibel: „Denk nicht drüber nach, warum sie hält! Hämmer weiter!"
Abgründe im Leben tun sich nicht selten auf, nicht immer sind
solche Abgründe so naturgegeben wie eine Pestepedemie zu Zeiten
Paul Gerhardts. Je mehr wir Menschen können, desto mehr sind es
auch die Werke aus Menschen Hand, die sich als Abgründe auftun.
Ein Wort, ein Handschlag reißt oft tiefere Gräben zwischen Men-
schen als viele Naturgewalten. Menschen Sache ist es, Christen
Sache ist es, Gräben zu überwinden, menschliche Abgründe zu
überbrücken. Vertrauen schenkt den Mut zum ersten Schritt. Und
dabei geht es dann oft so wie bei Hägar und seinem Freund Sven
Glückspilz: „Denk nicht drüber nach, warum sie hält …"
Er wird's wohl machen!
Sagt der Psalmvers. Vertrauen in neue Wege erschließt sich für den,
der auf ihn vertraut. Amen.

LIED
Vertraut den neuen Wegen (EG 395)

FÜRBITTENGEBET UND VATERUNSER
Lieber Vater im Himmel,
heute denken wir an die Zeit, die hinter uns liegt: Unsere Kindheit!
Es gab Menschen, die in dieser Zeit wichtig für uns waren und
noch sind, unsere Eltern, Geschwister, Lehrerinnen und Lehrer.
Wir möchten Danke sagen für die Liebe und die Geborgenheit,
die wir in all den Jahren erhalten haben. Den Eltern wollen wir
Danke sagen dafür, dass sie uns in schwierigen Situationen geholfen
haben und in schlechten Zeiten zu uns gestanden haben. Den
Lehrerinnen und Lehrern wollen wir Danke sagen dafür, dass sie in
den vielen Jahren unserer Schulzeit für uns da gewesen sind.

Für diese Menschen bitten wir dich, dass sie gesund bleiben und glücklich sind. Und dass wir ihnen so viel Liebe und Verständnis geben können, wie sie uns gegeben haben.

Wir denken an den Lebensweg, der vor uns liegt. Auf manches freuen wir uns, vor anderem haben wir Angst. Wir denken an das, was auf uns zukommt: die nächste Schule und die Ausbildung oder auch eine Zeit der Ungewissheit.

Wir bitten darum, dass wir einen Weg gehen können, der uns Spaß macht und an dem wir Freude haben. Wir wünschen uns, dass wir einen Beruf ergreifen können, der uns gefällt.

Wir erleben auch, dass nicht alles gut und richtig ist, was in unserer Welt geschieht. Wir erleben Gewalt und Rassismus, Hass, Streit und Krieg. Wir bitten darum, dass Frieden herrscht und es Menschen gibt, die für den Frieden eintreten.

Wir sprechen gemeinsam das Vaterunser:

Vaterunser im Himmel …

SEGENSWORTE

MUSIK

Markus Hentschel/Birgit Rieger

Abiturentlassgottesdienst

Das Labyrinth als Lebensweg

Leitgedanken

Der Entlassgottesdienst steht unter dem Motto *Labyrinth als Lebensweg.* Er nimmt in thematischer Hinführung sowie den Rückblick auf die Schulzeit und den Ausblick auf die Zukunft das Bild des Labyrinthes auf, das dreifach charakterisiert ist: Ein gewundener Weg zwar, aber kein Irrgarten, sondern auf eine Mitte zu und von der Mitte fort wieder ins Freie führend.

Vorbereitung

Der Gottesdienst wurde von Schülerinnen und Schülern des Städtischen Gymnasiums Bad Driburg selbst unter Moderation der Jahrgangsstufenleiterin Frau Birgit Rieger vorbereitet und mit Beteiligung der evangelischen Pfarrerin und des katholischen Pfarrers des Ortes durchgeführt.

Die Schülerinnen und Schüler haben sich im Zeitraum von sechs Wochen nach den mündlichen Prüfungen viermal mit Frau Rieger getroffen und während der Vorbereitungssitzungen das Thema des Gottesdienstes bestimmt, die Materialien und Lieder ausgewählt und auch die liturgischen Stücke, die sie sprechen, wenn nicht anders vermerkt, selbst geschrieben. Lehrerinnen, Lehrer und ein Elternteil wurden durch je eigene Fürbitten in den Gottesdienst eingebunden.

Für die Veröffentlichung wurde die Konkretion der Texte der Schülerinnen und Schüler weitestgehend gewahrt – es gilt, was für alle Gottesdienste und Gottesdienstmodelle gilt: je konkreter, desto unwiederholbarer, je situationsunabhängiger und allgemeiner, desto schematischer und beliebiger. Lediglich die Predigt ist für den Zweck der Veröffentlichung neu konzipiert.

Ablauf des Gottesdienstes

EINZUG MIT MUSIK

BEGRÜSSUNG
> Meine Seele soll sich rühmen des Herrn, dass es die Elenden hören und sich freuen. (Ps 34,3)

LIED
> Ich lobe meinen Gott, der aus der Tiefe mich holt (EG 673)

EINGANGSWORTE UND GEBET
> Heute,
> am Beginn dieses Tages
> gehen unsere Gedanken zu dir, Gott:
> Wir glauben dich in unserer Mitte.
> An diesem Morgen
> suchen wir deine Nähe, Gott:
> Wir glauben dich an unserer Seite.
> In dieser Stunde hören wir deinen Ruf, Gott:
> Wir glauben dich auf unserem Weg, Gott.
> Die Zeit zwischen gestern und morgen
> leben wir im Vertrauen auf dich, Gott:
> Wir glauben uns in deiner Hand geborgen.
> Amen.

THEMATISCHE HINFÜHRUNG
> *Ein Bild des Labyrinths von Chartre wird gezeigt.*[8]

Ein Labyrinth ist ein Weg, der mit vielen Umwegen, Wendepunkten und Windungen zur Mitte ins Zentrum führt. In seiner Unübersichtlichkeit und Komplexität führt das Labyrinth zum Ziel. Dies unterscheidet es vom Irrgarten.

Dennoch gibt es keinen Automatismus: zum Ziel gelangt nur, wer selbst geht, immer wieder weitergeht, den Weg sucht, Wendepunkte akzeptiert und nicht verzagt.

Wenn ich mich von außen auf den Weg mache, steuere ich zunächst direkt und ungehindert auf die Mitte zu. Vielleicht glaube ich schon, am Ziel zu sein, da führt mich der Weg an der Mitte vorbei und sofort wieder an den Rand nach außen.

---

8 Ein Foto des Labyrinths findet sich unter
   www.sacredsites.com/europe/france/chartres.html, eine schematisierte Wiedergabe unter
   www.paxworks.com/resources/chartresgraphic.jpg.

Von dort geht es dann endgültig in die Wirrungen des Labyrinths hinein. Schließlich befinde ich mich wieder ganz am Rand, werde endlos hin und her geschickt.

Ich verliere vielleicht die Mitte aus den Augen, denke nicht mehr an sie, obwohl ich sie ständig umkreise.

Dies lässt Zweifel aufkommen, wirklich auf dem richtigen Weg zu sein, wirklich jemals am Ziel anzugelangen.

Der Weg, die Ziele, letztlich der Einzelne selbst wird in Frage gestellt.

Labyrinthe gab es zu allen Zeiten und in allen Kulturen. Jedes Labyrinth ist ein Symbol für den Lebensweg, es beinhaltet das Unterwegssein, die Entwicklungen und Prozesse, die wir durchschreiten.

Im Zentrum unseres Labyrinths steht das Abitur. Heute haben wir Schüler und Schülerinnen dieses Zentrum erreicht.

Lied

Oh happy day (Troubadour 64)

Sprechtext – Rückblick

Der Text wird von mehreren Sprechern und Sprecherinnen gesprochen.

Vor neun Jahren trafen wir uns, um in unserem Labyrinth die Mitte zu finden, das Abitur.

Damals waren wir noch zwei Klassen und jede hat versucht, auf ihrem eigenen Weg die Mitte zu finden. Auf der einen Seite die 5a, eine überwiegend aus Fahrschülern bestehende Klasse. Auf der anderen Seite die 5b, viele Driburger, die sich aus der Grundschule kannten.

So entstand auf eher natürlichem Wege ein Konkurrenzdenken – wer wollte nicht die bessere Klasse sein?! Hier versuchte jeder noch, auf seinem eigenen Wege die Mitte zu suchen. Doch schon früh achteten auch die Lehrer darauf, dass die beiden Klassen sich kennen lernten, und so bauten sich vielleicht bestehende Vorurteile vor allem durch gemeinsame Klassenfahrten – auch wenn die unvergessenen Fußballduelle a gegen b immer von einem gewissen Prestige geprägt waren.

So wurden Teile des Labyrinths von Anfang an von beiden Klassen gemeinsam gegangen, wie im Religions-, später ab der 7. auch im Französisch- bzw. Lateinunterricht.

Die Mittelstufenzeit – dennoch eine schwierige Phase. Und das nicht nur wegen der pubertierenden Schüler und Schülerinnen, die wohl aus ihrer Sicht Besseres zu tun hatten, als an Schule zu denken. Da hatten die Lehrerinnen und Lehrer mit der 7a so ihre Schwierigkeiten, wo die Mädchen hinter Oberstufenschülern her waren, aber auch mal Mohrenköpfe aus dem Fenster warfen. Oder die Jungs, die sich gewisse Freiheiten nahmen und sich nicht immer unfallfrei mit Erbsenschießen duellierten. Dennoch fanden wir auch in der schwierigen (Mittelstufen-)Zeit mehr und mehr zusammen, und dieses frühe Zusammenwachsen zu einer Gruppe, zu einer Gemeinschaft führte uns schließlich an einer der vielen Kreuzungen zusammen, um von nun an als die eine Klasse 10 den Weg zum Abitur zu gehen. Diese Zusammenlegung – sicher auch eine Art Bewährungsprobe für die Zeit in der Oberstufe – stärkte schließlich die Gemeinschaft, wie sich vor allem während der Besinnungstage zeigen sollte, wo wir in gemischten Gruppen mehr über die Mitschüler erfuhren.

So haben wir auch die letzten drei Jahre auf unserem Weg zu Ende gebracht: Zunächst musste die Leiterin der Jahrgangsstufe uns auf Kurs bringen, da doch einige drohten, vom Wege abzudriften. Andere sind abgebogen und haben andere Wege gesucht, wieder andere bogen auf unseren Pfad ein, um mit uns gemeinsam die Mitte zu erreichen. Dieses (vorläufige) Ziel haben wir nun als gute, geschlossene Klassengemeinschaft erreicht – und ich persönlich kann mit Recht stolz darauf sein, Teil dieser Gruppe zu sein.

LIED
Suchen und Fragen (Troubadour 526)

SPRECHTEXT – AUSBLICK AUF DIE ZUKUNFT
Der Text wird von mehreren Sprechern und Sprecherinnen gesprochen.

Hinführung Ausblick:

Ist die Mitte eines Labyrinths erreicht, muss es auf demselben Weg verlassen werden, der Weg beginnt von neuem. In der Mitte wurde etwas aufgenommen oder zurückgelassen. Loslassen, Abschied nehmen, aber auch Neuorientierung begleiten den Weg zurück.

In dieser Situation stehen wir heute auch. Erneut fragen wir: Was ist der Weg und wo liegt das Ziel? Warum gehe ich überhaupt weiter, in welche Richtung soll es denn gehen, wer hilft mir dabei, was beflügelt mich und worauf vertraue ich?

Wenn wir heute unsere Abiturzeugnisse überreicht bekommen, stehen wir vor genau diesen Fragen, und Fragen rufen nach Antworten.

Ausblick Zukunft: Beispiel 1

Heute bekomme ich mein Abiturzeugnis und noch immer weiß ich nicht, was ich machen soll. Um mir eine Ausbildungsstelle zu suchen, ist es nun wohl schon zu spät und ob ich studieren will, weiß ich nicht. Es gibt *zu viele Möglichkeiten,* und ich kann mich einfach nicht entscheiden. Vielleicht finde ich noch etwas Passendes oder jobbe ein Jahr. Aber ich denke, ich lasse erst einmal alles auf mich zukommen.

Ausblick Zukunft: Beispiel 2

Ich hatte für den weiteren Lebensweg bereits im Voraus wohlüberlegte und wichtige Entscheidungen getroffen, hatte mich erfolgreich um eine interessante Zivildienststelle beworben und mich auf die zukünftigen Erlebnisse und Erfahrungen gefreut.

Nun heißt es von Seiten der Bundeswehr, dass mein *Tauglichkeitsgrad* für eine Einberufung zum Zivildienst nicht mehr vorgesehen ist. Diese Nachricht stellt mich so sehr überraschend und plötzlich vor eine neue Entscheidungssituation, mit der ich nicht gerechnet habe. Soll ich nun bereits in diesem Jahr mit dem Studium beginnen oder vielleicht doch auf freiwilliger Basis ein Jahr aussteigen?

Ich muss feststellen, dass kaum ein Weg im Lebenslabyrinth vor unkalkulierbaren Überraschungen und höherer Gewalt gefeit ist. Nicht alles läuft so, wie man es sich selbst vielleicht wünschen würde. Auf einmal ist der Weg in die Zukunft wieder völlig offen.

Ausblick Zukunft: Beispiel 3

Mich erwartet nach dem Abitur ein Abenteuer. Mal etwas ganz anderes machen, weg von zu Hause, raus aus der Umgebung, raus aus Deutschland und ab ins Ausland, für ein Jahr. Mein Auslandszivildienst wird mich ins französischsprachige Belgien führen. Eine christliche Lebensgemeinschaft, in der ich als *Mädchen für alles* vorgesehen bin!

Was erwartet mich? Die Französischkenntnisse werden mir helfen, doch mein Aufgabenbereich wird so differenziert und vielfältig sein, dass ich noch nicht zu 100% sagen kann, wie mein Tagesablauf gestaltet sein wird. Doch eins ist klar: Man wächst mit der Herausforderung, und die wertvollen Auslandserfahrungen wird mir keiner nehmen können. Familie, Freunde, bekannte Umgebung – das lasse ich zurück. Doch ich freue mich darauf – das Abenteuer kann kommen!

Ausblick Zukunft: Beispiel 4

Ich weiß eigentlich schon ziemlich genau, was ich will. Ich weiß, was ich studieren möchte, vielleicht auch schon wo. Ich weiß, welche Menschen in meinem Leben wichtig sind und welche Freundschaften ich auch nach dem Abitur nicht aufgeben werde. *Zuversichtlich und lächelnd* kann ich der Zukunft entgegenblicken. Aber natürlich muss auch ich mit bösen Überraschungen rechnen. Wirklich planen lässt sich das Leben nicht.

Schlussbemerkung Ausblick:

Anders als bisher, schlagen wir von nun an einen sehr individuellen Weg im Labyrinth des Lebens ein. Die hier vorgetragenen Ein- und Ausblicke einzelner sollten exemplarisch verdeutlichen, wie vielfältig die zukünftige Weggestaltung aussehen kann. Dabei begleiten uns die unterschiedlichsten Gefühle, Vorstellungen, Wünsche und Bedürfnisse, aber auch die Frage, was denn eine neue Mitte in diesem veränderten Labyrinth sein könnte, oder ob solch eine neue Mitte in unserem Leben überhaupt existieren wird.

LIED

Von guten Mächten treu und still umgeben
(EG 652, 1-2 mit Kehrvers)

LESUNG

Psalm 139, 1-6. 14-16

Ich sitze oder stehe auf, so weißt du es; du verstehst meine Gedanken von ferne.
Ich gehe oder liege, so bist du um mich und siehst alle meine Wege.
Denn siehe, es ist kein Wort auf meiner Zunge, das du, HERR, nicht schon wüsstest.
Von allen Seiten umgibst du mich und hältst deine Hand über mir.
Diese Erkenntnis ist mir zu wunderbar und zu hoch, ich kann sie nicht begreifen.
Ich danke dir dafür, dass ich wunderbar gemacht bin; wunderbar sind deine Werke; das erkennt meine Seele.
Es war dir mein Gebein nicht verborgen, als ich im Verborgenen gemacht wurde, als ich gebildet wurde unten in der Erde.
Deine Augen sahen mich, als ich noch nicht bereitet war, und alle Tage waren in dein Buch geschrieben, die noch werden sollten und von denen keiner da war.

PREDIGT

Liebe Abiturientinnen und Abiturienten, liebe Lehrerinnen und Lehrer, liebe Eltern,

der Psalm 139, dessen Eingangsverse wir gehört haben, beschreibt den Lebensweg des Betenden mit Gott – ein Weg von großer Ambivalenz. Der Betende sagt: Es ist unmöglich Gott zu entkommen. Man kann auch sagen: Gott lässt einen nicht los. In dieser Erfahrung liegt die Ambivalenz beschlossen. Gott hält geborgen – aber Gott kann auch zur Last werden, die man am liebsten abwerfen möchte.

In der Auslegungsgeschichte des Psalms sind selten beide Aspekte der Erfahrung mit Gott zusammengehalten worden. Lange Zeit wurde mit diesem Psalm ein Gottesbild vermittelt, wonach aus Gott der Allwissende und alles Kontrollierende gemacht wurde: Big Brother is watching you; ein Wächter der Moral.

Das Element der Last Gottes, das mit dem modernen Bedürfnis nach Freiheit und Autonomie des Menschen nicht vereinbar scheint, wurde dann in neuerer Zeit verdrängt und der Psalm wurde zum Ausdruck reiner Geborgenheit in Gott umgedichtet.

Der Psalm 139 beschreibt den Lebensweg des Betenden mit Gott – ein Weg von großer Spannung. Im Blick auf seine Vergangenheit weiß sich der Betende vollständig von Gott erkannt – und fragt, ob ihm nichts zu eigen wäre – gibt es denn keinen Ort, wo er für sich sein und eigene Worte für sein Leben finden kann: „kann ich vor dir denn nicht fliehen?" Die Erkenntnis, von Gott umgeben zu sein, wird vom Betenden nicht bejahend angeeignet, sondern mit dem Versuch beantwortet, von Gott in Ruhe gelassen zu werden.

Noch in der vermeintlich fernsten Ferne von Gott, der Nacht der Todesruhe, findet er Gott – diese Beharrlichkeit Gottes – wie ein verfolgt werden von Gott zu erfahren, wird dem Betenden dann aber deutbar als Treue Gottes zu ihm als unverwechselbaren Individuum, als Menschen mit unverwechselbaren Körper. Dort wo das Individuum sich schon aufgeben möchte, wo es sich bedroht sieht von der Auflösung durch den Tod, dort hält Gott zu ihm und erhält ihn. (Vers 14-16)

Gott verbindet sich dem unverwechselbaren Individuum. Dieser Gott ist eben keine anonyme Macht des Schicksals um den Einzelnen unbekümmert. Gott ist verbindlich – dem schwachen Menschen zugeneigt, mit anderen Worten: er ist gerecht und gnädig. Seine geheimnisvolle Freiheit geht nicht über die Einzelnen hinweg, sondern bindet sie in seine Gerechtigkeit und Gnade, mit anderen Worten in seine Verantwortung dafür, dass jede/r in Gerechtigkeit und Gnade leben kann, ein.

Mit Gott verbunden sein, heißt teilzuhaben an dieser Verantwortung.

Betrachten wir noch einmal den Gang des Labyrinthes. Ein Bildungsgang: hin zur Mitte der Selbstbildung und von dort wieder hinaus, aber nicht so hinaus, dass diese Mitte verlassen würde, sondern so, dass jede und jeder einzeln sie mitnimmt, seine unverwechselbare Individualität nicht für sich behält und vor anderen verbirgt, sondern aus- und mitteilt.

Der Ausgang aus der Mitte des Labyrinthes wäre also zu verstehen als Teilhabe an der Verbindlichkeit Gottes: sich verschenken, damit andere in Gerechtigkeit leben können.

Amen.

LIED

Ich sitze oder stehe (Troubadour 110)

FÜRBITTENGEBET

Pfarrer/in:

Herr, unser Gott, am Ende der Schulzeit dieser Abiturientinnen und Abiturienten, beim Eintritt in ein neues Labyrinth des Lebens, in eine für viele noch ungewisse Zukunft, tragen wir nun im Vertrauen auf deinen Zuspruch unsere Bitten vor:

Jahrgangsstufenleiterin:

Wir bitten für die Abiturientinnen und Abiturienten:

In den vergangenen neun Jahren haben wir Lehrerinnen und Lehrer und ganz besonders ich als eure „Jahrgangsmama" uns nicht nur als Vermittler von inhaltlichen Kenntnissen, methodischen Fähigkeiten und sozialen Kompetenzen verstanden, sondern auch als Menschen, die euch Orientierung geben wollten.

In dem Bemühen, eure Zukunftswünsche zu verwirklichen, möget ihr heute das richtige Ziel vor Augen haben, auch wenn das Labyrinth des Lebens manchmal ausweglos zu sein scheint.

Wir wünschen euch, dass ihr nie an euren Aufgaben verzweifelt, sondern mutig und verantwortungsvoll euren Weg geht, dass ihr Entscheidungen immer gut überdenkt und nicht auf falsche Ratgeber hört.

Möget ihr auf euren noch vor euch liegenden Wegen durch das Labyrinth des Lebens die Erfahrung der Nähe Gottes machen.

Wir bitten dich, erhöre uns.

Schülerin:

Wir bitten für unsere Eltern:

Wir Abiturientinnen und Abiturienten bitten für unsere Eltern, die uns in den letzten Jahren mit Rat und Tat zur Seite gestanden haben und bei kleinen und großen Sorgen für uns da waren. Ohne diesen familiären Rückhalt wären wohl die meisten von uns nicht dort angekommen, wo sie heute sind.

Eltern fällt es jetzt vielleicht nicht immer einfach, anzuerkennen, dass wir sie immer weniger als Versorger und dafür mehr als Lebensberater brauchen.

Der Abschied von unserer Kindheit ist für sie oft schwerer als für uns selbst. Darum bitten wir dich, Herr, hilf ihnen, mit dieser neuen Situation freudig umzugehen und ohne Wehmut auf die vergangenen Jahre zurückzublicken.

Wir bitten dich, erhöre uns.

Schüler:

Wir bitten für die zurückbleibende Schüler- und Lehrerschaft:

Herr, wir bitten dich auch für die zurückbleibende Schülerschaft und die Lehrer. Gib ihnen die Kraft und den Mut, den eingeschlagenen Weg sicher zu bestreiten und ihre Ziele, Wünsche und Träume zu realisieren.

Hilf ihnen ferner, in Harmonie und Gemeinschaft den Pfad durch das Labyrinth des Städtischen Gymnasiums zu beschreiten.

Wir bitten dich, erhöre uns.

Eltern:

Herr,
schenke unseren Söhnen und Töchtern im Labyrinth des Lebens,
Mut zum Handeln
Mut zum Sein, so wie sie sind,
Mut zur Hoffnung,
Mut zum Fragen,
Mut zum Antworten,
Mut zum Schreien, aber auch
Mut zum Schweigen,
vor allem:
Mut, dass sie nicht aufgeben und verzweifeln.
Es gibt so viele Situationen und Momente,
in denen sie Mut brauchen.
Du schenkst ihnen diesen Mut.
Und du willst, dass sie ihn weitergeben.
Damit sie
frei werden von Angst gegen den Strom zu schwimmen,
frei vom Zwang, immer nur an sich zu denken,
frei von der Gewohnheit, nur den bequemsten Weg zu wählen,
frei von Lieblosigkeit denen gegenüber, die ihnen nicht liegen.
Wenn du sie befreist, dann sind sie wirklich frei.
Zeige ihnen den Weg.
Gib ihnen die Kraft ihn zu gehen.

Wir bitten dich erhöre uns.

Schulleiter:

Wir bitten für alle Menschen:

Bei aller Freude über das erreichte Ziel und allem Stolz auf die erbrachte Leistung möchten wir die aktuelle Situation unseres Landes und der Welt nicht aus den Augen verlieren:

Wir sehen schwere Unfälle von Reisebussen, brutale Selbstmordattentate, verheerende Erdbeben, aber auch zunehmende soziale Spannungen und hohe Arbeitslosigkeit und sind erschüttert und ratlos.

Herr unser Gott, lass den vielen Opfern Deinen Trost und Deine Hilfe zukommen und bewahre uns, Herr, vor Resignation und Besserwisserei, damit unser Bestreben nicht erlahmt, aktiv an der Verwirklichung Deines Friedensreiches mitzuwirken.

Wir bitten dich, erhöre uns.

Pfarrerin:

Guter Gott,

jeder dieser Abiturientinnen und Abiturienten muss seinen Weg in Zukunft auch alleine gehen, mal mit Begleitung, mal gegen den Strom, mal in ehrlicher Gemeinschaft, mal vater- und mutterseelenallein.

Begleite du sie auf diesem Weg und lenke du ihre Schritte. Lass sie diesen Weg durch das Labyrinth des Lebens als Chance begreifen, auch wenn er einmal in die Irre führen sollte. Lass sie in der Erfahrung deiner Nähe und Liebe zu sich selbst finden. Amen.

LIED
Vaterunser (EG 188)

SEGENSGEBET
Das Gebet wird von mehreren Sprecherinnen und Sprechern vorgetragen.

Segne uns
Du, Gott der Anfänge, segne uns,
wenn wir deinen Ruf hören,
wenn deine Stimme uns lockt
zu Aufbruch und Neubeginn.

Du, Gott der Anfänge, behüte uns,
wenn wir loslassen und Abschied nehmen,
wenn wir dankbar zurückschauen
auf Segen und Ernte der gemeinsamen Zeit.

Du, Gott der Anfänge, lass dein Licht leuchten über uns,
wenn wir in Vertrauen und Zuversicht
einen neuen Schritt wagen
auf dem Weg unseres Glaubens.

Du, Gott der Anfänge, sei uns gnädig,
wenn Angst uns befällt
vor dem Tor in ein unbekanntes Land,
wenn wir Schutz suchen bei dir
vor den Stürmen der Nacht.

Du, Gott der Anfänge, lege dein Angesicht auf uns,
wenn unser Herz sich sehnt
nach Wärme und Glück,
nach Freundschaft und Begegnung.
Lass den Segen deines Lichtes mit uns sein.

Du, Gott der Anfänge, schenke uns Frieden,
wenn der eigene Weg uns aufwärts führt,
wenn wir Lebewohl sagen.
Lass die Blumen blühen für jeden von uns,
lass Wind uns den Rücken stärken
und die Sonne warm auf das Gesicht scheinen,
wo immer wir gehen.

Du, Gott der Anfänge, schenke uns ein gutes Leben.
(Irischer Segen)

SEGEN

Der Herr segne euch und behüte euch.
Der Herr lasse leuchten sein Angesicht über euch und
sei euch gnädig.
Der Herr erhebe sein Angesicht auf euch und
gebe euch seinen Frieden.
Amen.

LIED

Ins Wasser fällt ein Stein (EG 659)

AUSZUG MIT MUSIK

II.

*Auf dem Weg mit den
Erfahrungen des Schullalltags*

Christian Rasch

Einleitung

Erfahrungen von Höhe und Tiefe zur Sprache bringen

Nicht erst seit Karl Ernst Nipkows lebenszyklischer Betrachtungsweise des Lernens[1] wissen wir, dass Lernprozesse selten linear verlaufen geschweige denn auf diese Art gelingen. In den neuesten, die konkrete Praxis betreffenden schulischen Konzeptionen von Kompetenzcurricula und Methodenbausteinen geht es dementsprechend häufig um die Beschaffung und Verarbeitung von Wissen, nicht mehr um den Kanon des materialen Wissens selbst. Erstmalig in der Bildungslandschaft scheint sich tatsächlich eine Trendwende abzuzeichnen, die Ernst macht mit der auf Montessori zurückgehenden Maxime handlungsorientierter Pädagogik: *Hilf mir, es selbst zu tun.* Lernen will eben nicht nur gelernt sein, es muss auch gelehrt werden. Eine wichtige Beobachtung scheint im aktuellen Ringen um neue Lern- und Lehrformen die Suche nach tragfähigen Strukturen zu sein. Denn der Schwenk im System lässt sich mit den alten schulischen Strukturen nicht durchführen. Neue Struktur ist hierbei aber eben nicht nur in Bezug auf das Informations- und Technologiebedürfnis, in der ganz konkreten Raumgestaltung, in Fragen der Ganztägigkeit mit geforderten Rekreations- und Versorgungsangeboten und im Wandel einer immer stärkeren Methodisierung des Lernens gefordert.

Struktur selbst, und da gerät die Religionspädagogik wieder in den Blick, kann zur Ermöglichungsbedingung gelingenden Lebens werden. Dazu ist es wünschenswert, dass der Unterricht den Schülerinnen und Schülern die im Kontext der christlichen Spiritualität verankerten Hilfestellungen und Strategien zur Entwicklung und Anwendung eigener sprachlicher wie emotionaler Ausdrucksformen zur Verfügung stellt und einübt. Abzuheben wäre diese Art von begründeter, hinterfragbarer und kritisierbarer Spiritualität von neo-modernistischen Bewältigungsreflexen wie kollektiven Schweigeminuten und Zerredungen in abendlichen Diskussionsforen.

Denn gerade die auffällig gestiegene Zahl der Schweigeminuten angesichts vermehrt in unsere Lebenswelt vordringender Katastrophen sind weniger ein gelungenes Beispiel für die *verantwortliche Verarbeitung*

---

1 Karl Ernst Nipkow, Erwachsenwerden ohne Gott? Gotteserfahrung im Lebenslauf, München 1987

menschlich erfahrbarer Kontingenzen, sondern der erschreckende Endpunkt einer Unfähigkeit, Erfahrungen von Höhen und Tiefen zur Sprache zu bringen. Besonders in der schulischen Praxis hat sich die durch den Schullautsprecher angeordnete Schweigeminute nicht unbedingt als der Weisheit letzter Schluss erwiesen, denn es gilt in der Tat: *solches Schweigen ist das Ende von Sprache.* Demgegenüber erschließt uns die Bibel ein überaus sprachfähiges, bisweilen ja sogar sprachgewaltiges *Menschenbild des Lobens und Klagens.* Der biblische Mensch erhält sich und anderen das Leben, indem er die Stimme zu Gott erhebt. Christliche Gottes- und Welterkenntnis ist bis in den Kern durch Worthaftigkeit geprägt, wenn wir die Selbstoffenbarung des dreieinigen Gottes in der Person Jesu Christi selbst als das Wort Gottes, den Logos, bezeichnen.

Eine zweite Beobachtung schließt sich an, die angesichts der jüngsten größeren und kleineren Katastrophen (Tsunami, Selbstmordattentate, so genannte Ehrenmorde, Amokläufer und Gewalt an Schulen) deutlich geworden ist. Die Verarbeitung der Kontingenz sucht sich neue (alte) Wege, Formen und Rituale. Immer selbstverständlicher werden Kerzen angezündet, Kirchen aufgesucht, Kondolenzbücher gefüllt, Blumen und Stofftiere abgelegt und Mahnwachen gehalten. Auch das erschütterte und demonstrative Schweigen hat hier natürlich seinen Ort in der Kontingenzbewältigung und muss vom sprachlosen kollektiven Verstummen angesichts des Leides scharf unterschieden werden.

Fasst man beide Beobachtungen zusammen, d.h. konstatiert man in der postmodernen Gesellschaft tatsächlich eine *Sprachlosigkeit angesichts von Höhe und Tiefe im Leben,* und beobachtet man andererseits eine immer stärkere Ritualisierung angesichts solcher Erfahrungen, dann ergibt sich für die Religionspädagogik die Verbindung zweier konkreter Aufgabenfelder. Zunächst geht es um die Ermöglichung von Kristallisations- und Korrelationsgelegenheiten solcher Erfahrungen, die z.B. das Ertragbare übersteigen. Ebenso wichtig ist der zweite Schritt, nämlich anhand dieser Erfahrungsmöglichkeiten eine Sprache zu finden und einzuüben, die die Betroffenen nicht mit ihrer Erfahrung sprachlos zurück lässt.

Vom kirchlichen Denken her kommt hier die *Berechtigung von Ritual und Liturgie am Lernort Schule* in den Blick. Beides stellt von ihrem Wesen her erlernbare Strategien zur Verfügung, wobei die Chance der Liturgie als solcher in der generationenlangen Erprobung und Akzeptanz liegt. Es geht also für Pädagoginnen und Pädagogen nicht darum, „mal eben schnell ein schönes, kleines Ritual zu erfinden" um bestehende oder vermeintliche Kontingenzen zu bearbeiten. Es geht um die *Aneignung sinnvoller und religiös approbierter Struktur,* die nicht nur wirklich hält, was sie verspricht, sondern auch die Freiheit der Schülerinnen und Schüler angesichts von Vereinnahmungen („...wir machen jetzt alle eine Schweigeminute und alle müssen betroffen aussehen") bewahrt.

Dieser Lernprozess darf allerdings nicht erst dann beginnen, wenn das Kind in den Brunnen gefallen ist, wenn also das Verstummen schon eingetreten ist. Unterrichtlich und lebenszyklisch bieten sich viele Wege, schon vorher Angebote zu einer neuen Sprachfähigkeit zu machen, sei es an Übergangssituationen der Bildungsbiographie (Kapitel I) oder sei es im Ablauf des Kirchenjahrs die Beschäftigung mit Stationen des christlichen Glaubens (Kapitel III). Die im Kapitel II angebotenen Entwürfe beschäftigen sich mit Grenzsituationen im engeren und weiteren Sinn sowie mit der Einübung solcher Kristallisationspunkte, die in den entsprechenden Lebenssituationen Halt und Sicherheit geben können.

Der unterrichtspraktische Aspekt dieser kleinen Liturgien und Rituale im Alltag ist geprägt von zwei Strukturelementen: Zum einen durch die *einübende Wiederholung,* die sich auch in der Wortwahl widerspiegelt. Die kirchliche Liturgie selbst lebt ja von der Wiederholung dieser kurzen Anrufungen und Bitten, wie sie sich z.B. in den Kyrierufen niedergeschlagen haben. Der große Erfolg der kurzen Liedrufe aus Taizé spricht hier gerade bei Jugendlichen für sich selbst. Zum anderen durch die *Benutzung aussagekräftiger Symbole,* die gleichwohl in ihrer Interpretation deutungsoffen sind. Hier ist der eigenen Phantasie faktisch keine Grenze gesetzt. Aus der Praxis bieten sich Kerzen und Tücher in verschiedenen Farben, Steine zum Ablegen, kurze Stricke oder Hanfseile als Symbole für Bindungen und Verknotungen, Blumen und Dornen für das Schöne und das Bittere, Schlüssel als Symbole für das, was uns verschlossen ist und was uns öffnet und vieles mehr an. Besonders in der Grundschule haben schon viele Kolleginnen und Kollegen Erfahrungen mit kurzen, auf solche Symbole bezogenen Phantasiereisen gemacht. Konzentrierte Stille, ein zur Ruhe kommen der Seele, findet hier ihren Ort.

Zuletzt sei an dieser Stelle noch einmal auf die biblische Rückbindung unserer Rituale, Liturgien und Symbole hingewiesen. Für unterrichtliche Spiritualität verbietet sich das postmoderne *anything goes.* Es ist ein Standard des Religionsunterrichts, sich an dieser Stelle an der reichen Bilderwelt der biblischen Überlieferung zu orientieren. Ihre Wort- und Bildsprache sollte immer auch den Hintergrund der unterrichtspraktischen Rituale bilden.

Christian Rasch

Grundschule/Orientierungsstufe

Die Schulwoche beginnen: Kleine Liturgie zum Wochenbeginn

Leitgedanken

Montagmorgen und eine neue Schulwoche beginnt. Viele Schülerinnen und Schüler sind *noch gar nicht in der Schule angekommen.* Sie hängen dem Wochenende hinterher. In vielen Familien wird das, was die Woche über vernachlässigt werden musste, am Wochenende nachgeholt. Der Erlebnischarakter des Wochenendes hat enorm zugenommen. Diese Erfahrungen und Erlebnisse, schöne aber auch oftmals stressige und deprimierende, wollen verarbeitet werden. Demgegenüber steht der Unterricht mit seinen berechtigten Eigeninteressen und Erwartungen an *hellwachen, interessierten und aufmerksamen Schülerinnen und Schülern.*
Diese kleine Liturgie zum Wochenbeginn soll die Möglichkeit geben, das Gewesene noch einmal ins Gedächtnis zu rufen und symbolisch abzulegen, um den Geist für Neues zu öffnen und damit die neue Woche in den Blick zu bekommen. Sie eignet sich nicht dazu, große und lastende Probleme einzelner Schülerinnen und Schüler zu besprechen. Hier ist ein gewisses Fingerspitzengefühl gefordert, denn nicht alles, was geschehen ist, lässt sich so einfach ablegen und wegschließen.
Unterrichtspraktisch lässt sich das Ritual beliebig kürzen oder erweitern. Will man jede Woche damit einsteigen, kann man den Psalm und ein Lied weglassen. Auch das aktive Element kann man ersetzen durch einen kurzen Augenblick der Stille. Die etwas längere Form mit Aktion bietet sich besonders nach den Ferien oder längeren Wochenenden, nach Freizeiten oder dem Halbjahreswechsel an.

Vorbereitung

Aus Tonpapier oder Fotokarton werden in ausreichender Anzahl kleine gelbe Sonnen und blaue Tränen (Tropfen) geschnitten. Aus einem Schuhkarton wird eine „Schatzkiste" mit Deckel gestaltet (für den Schatz an Erfahrungen). Die Kiste kann mit rotem Tuch ausgeschlagen sein. Die Vorbereitungen (z.B. das Ausschneiden) können von den Schülerinnen und Schülern in einer vorausgehenden Stunde selbst durchgeführt werden. Diese Stunde bietet sich auch für eine kleine symboldidaktische Einführung an: Was bringt Sonne in unser Leben und was macht das Leben trist und grau?

Im Idealfall ist ein Stuhlkreis vorbereitet. In einer gestalteten Mitte werden die Symbole (Sonnen und Tränen) auf einem Tuch um die „Schatzkiste" herum ausgelegt. Die Klangschale steht am Platz der Lehrerin oder des Lehrers.

Die einzelnen Stücke der Liturgie können, wenn sie eingeübt ist, auch auf Karteikarten geschrieben werden und mit verschiedenen Sprecherinnen und Sprechern gesprochen werden.

Ablauf der Liturgie

EINGANGSWORTE

Die Truhe wird geöffnet und die Tränen und Sonnen werden in ausreichender Anzahl ausgelegt.

Wieder liegt ein Wochenende hinter uns.
Einige haben etwas Tolles erlebt.
Einige hatten Langeweile.
Manche hatten Streit.
Andere waren traurig.

Wir wollen unser Wochenende nun hinter uns lassen. Alles, was wir erlebt haben, wollen wir zurück in Gottes Hände legen. Bei ihm sind das Gute und das Schlechte sicher geborgen.

Wir denken an das, was gewesen ist. Alle, die wollen, dürfen ihre Erlebnisse Gott anvertrauen. Zum Zeichen dafür legen wir unsere Tränen oder die Sonnen in die Schatzkiste. Wer möchte, darf kurz etwas dazu sagen.

Die Klangschale wird angeschlagen. Es wird gewartet, bis sie langsam ausklingt. Alle Schülerinnen und Schüler, die wollen, legen ihre Symbole in die Truhe. Zum Abschluss spricht die Lehrerin oder der Lehrer den Vers aus Psalm 86,2:

Gott, bewahre meine Seele, denn ich bin dein (Ps 86,2)

Die Klangschale wird noch einmal angeschlagen.

Eine neue Woche beginnt.
Ich weiß noch nicht, was alles geschehen wird.
Es gibt Dinge, auf die ich mich freue.
Vor einigem habe ich Angst.

Gott, du hast mir meine Zeit geschenkt.
Du lässt mich nicht allein.
Du gehst mit mir zu aller Zeit durchs Leben.

Dank sei dir dafür. Amen.

Du schenkst uns Zeit (Unsere Zeit 39)

WORTE IM WECHSEL (nach Ps 31 und Ps 139)

Alle: *Meine Zeit steht in deinen Händen.*

Spr. 1: Gott, du kennst mich. Du achtest auf mich. Nie gibst du mich verloren. Ob ich sitze oder stehe, ob ich liege oder gehe, du hältst deine Hand über mir.

Alle: *Meine Zeit steht in deinen Händen.*

Spr. 2: Alle meine Wege sind dir bekannt. Alles, was ich denke und sage: Du kennst es. Mein ganzes Leben liegt offen vor dir.

Alle: *Meine Zeit steht in deinen Händen.*

Spr. 3: Wenn ich in Schwierigkeiten bin, willst du mich begleiten. Wenn ich nicht aus noch ein weiß und mich am liebsten verstecken möchte, so bleibt dir meine Not nicht verborgen. Du achtest auf mich. Nie gibst du mich verloren.

Alle: *Meine Zeit steht in deinen Händen.*

Spr. 4: Ob ich lache oder weine, ob ich eine gute oder eine schlechte Zeit habe, du bist bei mir.

Alle: *Meine Zeit steht in deinen Händen.*

LIED

Meine Zeit steht in deinen Händen (Unsere Zeit 41)

Manfred Karsch

Grundschule/Orientierungsstufe

Sich erinnern: Die Farben des Regenbogens (Gen 6ff)

Leitgedanken

Diese *kleine Liturgie zum Schuljahresende* ist bewusst als Alternative zu einem großen Schuljahresabschlussgottesdienst der ganzen Schule gestaltet. Im Kreis der Lerngruppe wird mit meditativen Elementen der Rückblick auf das vergangene Schuljahr gewagt, Gutes und Schlechtes, Leichtes und Schweres miteinander erwogen und ins Gespräch gebracht.

Mit wenigen Veränderungen in den liturgischen Stücken eignet sich die meditative Erzählung zur Sintflutgeschichte (Gen 6ff) auch für andere Klassensituationen (Es hat Streit gegeben, einen neuen Anfang wagen u.a.) oder gar für einen meditativen Abschluss des Schuljahres im Lehrerkollegium oder bei einer Elternversammlung.

Vorbereitung

Der Raum ist mit einem Stuhlkreis vorbereitet. In der gestalteten Mitte stehen Klangschalen, eine große Kerze, Teelichte und Steine in ausreichender Zahl in je einem Korb; farbige Tücher (Rot, Gelb, Grün, Blau, Violett) werden im Kreis um die Mitte gelegt. Aus ihnen wird später ein Regenbogen gestaltet werden. Dazu Karten in der Farbe der Tücher. Auf den Karten steht auf je einer Seite steht:

Rot: Liebe zeigen – wütend sein
Gelb: ein Lichtblick sein – streiten
Grün: Hoffnung schenken – neidisch sein
Blau: Vertrauen wagen – enttäuscht sein
Violett: Versöhnung erleben – Fehler machen

Bis zum Beginn der Andacht kann meditative Musik vom CD-Player erklingen.

Ablauf des Gottesdienstes

EINGANGSWORTE

Die Kerze wird entzündet, die Klangschale angestoßen. Es wird gewartet, bis sie langsam ausklingt.

Das Schuljahr geht zu Ende.
Bald werden wir für viele Wochen die Schule verlassen. Die Räume, in denen wir Tag für Tag gelebt, gelernt haben, werden leer sein.
Das Schuljahr geht zu Ende.
Was haben wir gelernt in diesem Jahr?
Was nehmen wir mit – was lassen wir zurück?
Was hat uns geholfen – was hat uns bedrückt?
Wir wollen dies alles am Ende des Schuljahres bedenken und zur Ruhe kommen. *(Pause)*
In Gottes Namen, der wie eine gute Mutter und ein liebender Vater zu uns ist, fangen wir an. In seinen Händen liegt es, wenn wir singen und beten. Amen.
Die Klangschale wird noch einmal angestoßen.

LIED

Sind zwei, sind drei in meinem Namen eins, bin immer ich dabei (MKL 27)

WORTE IM WECHSEL

Danket dem Herrn, denn er ist freundlich:
Und seine Güte währet ewiglich.

Guter Gott, du bist wie ein treuer Freund oder eine gute Freundin an meiner Seite
Vieles habe ich schon geschafft und gelernt.
Ich kann schon eine Menge.
Darüber bin ich froh.

Danket dem Herrn, denn er ist freundlich:
Und seine Güte währet ewiglich.

Ich weiß, dass du mit mir auf dem Weg bist.
Daran denke ich, wenn Neues und Unbekanntes auf mich zukommt.
Ich vertraue darauf, dass du mich sicher führst
und ich meinen Fuß nicht an einem Stein stoßen werde.

Danket dem Herrn, denn er ist freundlich:
Und seine Güte währet ewiglich.

Guter Gott, manchmal spüre ich nicht,
dass du bei mir bist wie ein treuer Freund oder eine gute Freundin.
Dann fühle ich mich ganz allein.
Wenn es mal nicht so gut in der Schule läuft,
wie ich mir das wünsche,
dann bin ich enttäuscht, manchmal sogar wütend.
Dann fällt es mir schwer zu sagen:

Danket dem Herrn, denn er ist freundlich:
Und seine Güte währet ewiglich.

Gott spricht zu uns:
Du bist nicht allein.
Ich bin bei dir jeden Tag.
Ich behüte dich, wenn du Angst hast.
Ich tröste dich, wenn du traurig bist.
Ich freue mich mit dir, wenn du fröhlich bist.

LIED
Danket, danket dem Herrn (MKL 4)

ERZÄHLUNG UND AKTION
Während des Folgenden geht die Lehrkraft oder eine Schülerin/ein Schüler mit dem Korb im Kreis herum und gibt jedem Kind einen Stein.

Ein Schuljahr liegt hinter uns – 36 Wochen Unterricht – 180 Tage –
fast 4.500 Stunden Unterricht haben wir erlebt. Das wiegt schwer,
so schwer wie der Stein in unserer Hand. Was war schwer, was ist
uns schwer gefallen?

Während des Folgenden legt die Lehrkraft die farbigen Karten im Kreis um die gestaltete Mitte.

Einiges hat uns richtig *wütend* gemacht, so,
als ob wir einen roten Kopf bekommen,
manchmal haben wir uns *gestritten*
oder einer war auf den anderen einmal richtig *neidisch*.
Dann gab es Augenblicke, da waren wir *enttäuscht*,
manchmal über uns selbst und manchmal über einen anderen
von uns.
Schließlich haben wir *Fehler* gemacht,
jeder macht Fehler, nicht nur immer die anderen.
Sicher habt ihr euch erinnert: Wütend sein, streiten, neidisch sein
und enttäuscht, Fehler machen – erinnert ihr euch?
Legt euren Stein dorthin, wo eure Erinnerung stehen geblieben ist.

Die Schülerinnen und Schüler legen ihre Steine zu den jeweiligen Karten. Anschließend können einige (bei einer großen Gruppe kann aus Zeitgründen nicht jeder etwas sagen) sagen: „Ich habe meinen Stein bei der Farbe … abgelegt, weil …"

LIED

Mein Gott, das muss anders werden (MKL 24)

ERZÄHLUNG UND AKTION

Je nach Kenntnisstand der Schülerinnen und Schüler muss die Geschichte von der Sintflut und dem Regenbogen (Gen 6ff) kurz oder ausführlich erzählt werden. Das Folgende ist ein Vorschlag:

Unsere Bibel erzählt eine Geschichte vom Wütend sein und Streiten, vom Neid und der Enttäuschung und davon, dass nicht nur die Menschen Fehler machen können, sondern auch Gott Fehler machen kann. Es ist eine Geschichte, die viele von uns kennen:

Einmal war Gott richtig wütend. Er sah sich seine Welt an, die er gut und schön gemacht hat, aber die Menschen waren nicht so, wie er das wollte. Sie stritten miteinander, manchmal sogar mit den Fäusten. Und der *grüne Neid* regierte unter ihnen. Die Menschen machten große Fehler.

Und Gott stieg die Wut vielleicht sogar in den Kopf, der *Rot* vor Blut wurde. Und er wollte die Erde vernichten. Er ließ eine große Wasserflut kommen – ihr kennt die Geschichte – *blaues* Wasser, dass alles Leben auslöschen sollte. Nur ein Mensch mit seiner Familie und vielen Tieren sollte überleben: Noah auf seinem Schiff – die Arche.

Doch als das Wasser wieder zurück ging und Noah mit seiner Familie und den Tieren das Schiff verließ, da merkte Gott: Nicht nur die Menschen haben Fehler gemacht, sondern auch ich habe einen Fehler gemacht. Die Erde ist wunderschön, sie darf nicht untergehen. Ich will das nicht zulassen:
Das dürfen alle Menschen wissen.
Als Zeichen dafür setze ich meinen Bogen, den Regenbogen in den Himmel. Seine Farben sagen allen:

Im Folgenden wird aus den Tüchern ein Regenbogen gestaltet und die Karten werden umgedreht

Rot: Ich bin nicht mehr wütend, sondern liebe euch alle.
Die Farbe der Liebe ist Rot.
Gelb: Kein braucht mehr Streit anzufangen,
Die Farbe Gelb, hell wie das Licht kann jeder Mensch ein Lichtblick sein.
Grün: Vor Neid müsst ihr nicht mehr grün anlaufen,
Die Farbe Grün ist die Welt und die Hoffnung seid ihr.

Blau: Keiner wird mehr sein „blaues Wunder" erleben müssen.
Die Farbe Blau ist die Farbe der Treue und des Vertrauens.
Violett oder Lila zeigt an: „Ich habe etwas falsch gemacht.
Aber ich kann mich versöhnen, ich kann verzeihen."

Wer will, kann eine Kerze nehmen, entzünden und dort ablegen,
wo sich für ihn oder sie Wut in Liebe, Streit in Licht, Neid in Hoffnung, Enttäuschung in Vertrauen, Fehler in Vergebung gewandelt
haben.

Und wer möchte, kann von solchen Erfahrungen im vergangenen
Schuljahr berichten.

LIED
Du bist da, wo Menschen lieben (MKL 42)

GEBET
Wir wollen beten:
Lieber Gott, bald ist das Schuljahr zu Ende.
Wir haben viel gelernt und erfahren,
manchmal auch etwas, was wir gar nicht lernen wollten.
Es gab viel Schönes, aber auch manches Trauriges.
Wir können tief durchatmen, denn bald sind Ferien.
Wir blicken zurück auf eine schöne Zeit in der Grundschule.
Dafür sagen wir: Danke schön.
Wir bitten dich, bleibe du auch auf unseren neuen Wegen
und beschütze uns mit deinem guten Segen.

SEGEN
Es segne und behüte uns Gott.
Gott schenke uns Freude am Leben,
viel Spaß, aber auch Geduld miteinander
und Kraft zum Lieben.
Gottes guter Geist stärke uns
und beschütze uns auf allen unseren Wegen.
Amen.

*Die Klangschale wird noch einmal angestoßen und es wird ge-
wartet, bis sie langsam ausklingt.*

Christian Rasch

Grundschule/Sekundarstufe I

Einleitung: Strategien und Rituale zum Umgang mit Tod und Trauer im Schulalltag

Hintergrund

Die Auseinandersetzung mit dem Thema *Tod* wird gesellsamtgesellschaftlich kaum geführt. Die Frage nach der eigenen Endlichkeit wird überwiegend nur noch von den Kirchen und anderen weltanschaulichen Institutionen gestellt. Demgegenüber steht ein beispielloser gesellschaftlicher Verdrängungsreflex, dessen Endpunkt im Bild des jungen, dynamischen, erfolgreichen und schönen Menschen besteht, wie er von der Werbung propagiert und von den Jugendlichen angestrebt wird. Für Alter, Hilflosigkeit und Krankheit bleibt wenig Raum und im Angesicht des Todes schließlich fehlt es an *Sprachfähigkeit* und an *Bewältigungsstrategien*.

Im Schulalltag erlangt das Thema *Tod* in dreierlei Hinsicht eine besondere und konkrete Bedeutung:

1. Schülerinnen und Schüler werden konfrontiert mit dem Tod einer Mitschülerin oder eines Mitschülers.
2. Ein einschneidendes Erlebnis ist ebenfalls der Tod einer Lehrerin oder eines Lehrers.
3. Auch der Tod von Eltern bzw. Geschwistern von Schülerinnen und Schülern ist neben der individuellen Tragik der direkt Betroffenen eine einschneidende Erfahrung im Schulalltag für alle Schülerinnen und Schüler der Klasse.

Der Religionsunterricht leistet mit seiner Beschäftigung mit diesem Thema somit auch einen wichtigen gesellschaftlichen Beitrag, weil hier am ehesten Sprachfähigkeit und Interventionsstrategien erwartet werden – und das zu Recht.

Dieser Beitrag ist als kleine Handreichung für den *Fall der Fälle* gedacht. Schwerpunkt ist auf den Tod von Schülerinnen und Schülern gelegt, wobei sich vieles auf die beiden anderen oben genannten Situationen übertragen lässt. Eine konkrete Auseinandersetzung vor Ort bietet nicht nur die Chance, Traumata zu begegnen, sondern wichtige entwicklungspsychologische Anstöße zu geben.

Die Nachricht von Tod einer Schülerin oder eines Schülers ist für alle in der Schule Betroffenen ein Schock. Viele Kolleginnen und Kollegen berichten zunächst von einem mehr oder weniger großen Gefühl der Hilflosigkeit. Gleichzeitig stellt sich sofort die Frage, wie mit dieser Situation umgegangen werden soll. Die wichtigste und leider nicht selbstverständliche Feststellung lautet in solch einem Fall, dass in der Tat mit der Situation aktiv umgegangen werden muss. Verschweigen, oder Ignorieren, im schlechtesten Falle sogar eine Haltung nach der Maßgabe *the show must go on*, liegt vielleicht im gesellschaftlichen Verdrängungstrend, hilft aber weder Schülerinnen und Schülern noch den Lehrerinnen und Lehrern. Dementsprechend bieten sich die nachfolgenden *Strategien für die unmittelbare Intervention* an. Für Hinweise auf die notwendige längerfristige schulische Auseinandersetzung mit dem Thema ist hier nicht der Ort. Die Schulreferate und Mediotheken der Kirchenkreise halten erfahrungsgemäß eine große Fülle an entsprechendem Material bereit. Auch der Entwurf einer Trauerfeier, wie sie Barbara Fischer im Anschluss vorlegt, versteht sich als eine solche Handreichung zur Bewältigung. Ebenfalls ist es sinnvoll, entsprechende entwicklungspsychologische Literatur zu Rate zu ziehen.[2]

Strategien

Die folgenden Strategien mögen zum Teil banal klingen, da es sich bei Todeserfahrungen jedoch um Grenzerfahrungen handelt, ist es wichtig, auch auf das Selbstverständliche hinzuweisen:

– Stirbt ein Schulkind, sollte die Schulleitung neben der Klassenleitung umgehend die Religionslehrerin und den Religionslehrer unterrichten. Pfarrerin oder Pfarrer, die an den Schulen unterrichten, sollten ebenfalls informiert werden.
– Es ist wichtig, dem Thema genügend Raum zu widmen. Im Angesicht von Todeserfahrungen wird alles andere zweitrangig. Das schließt auch Unterrichtsverpflichtungen wie Klassenarbeiten und andere wichtige Vorbereitungen ein.
– Die ersten zwei bis drei Unterrichtsstunden am Tag sollten, nachdem die Klassenleitung die Klasse informiert hat, von *nur* einer Kollegin oder einem Kollegen begleitet werden. Dadurch wird die Klasse demonstrativ aus dem Unterrichtsprozess herausgenommen. Es ist wichtig, dass die Schule demonstriert: *Wir nehmen uns Zeit.*

2 Für einen schnellen Überblick bietet sich an: Reissing, Siegfried, Kinder begegnen dem Tod. Sonntagsschulmitarbeiter, 27. Jg. Ausgabe A, Heft 3, 1997, 107-110 und Plieth, Martina, Der Tränenvogel weint in mir, in: Lernort Gemeinde 3/97, 15. Jg. 35-42.

– Zum Einstieg und als anschließende Diskussionsbasis bietet es sich an, zunächst ein kurzes Video zu Thema zu schauen (z.B. *Wenn das Leben geht, Grünwald: FWU, 2000* oder *Filzpantoffeln und Bonbons, Stuttgart: Matthias-Film, 1995*). Von der persönlichen Betroffenheit wird dadurch das Thema auf eine objektivierbare Ebene gehoben.
– Es entspricht einer archaisierenden Verhaltensweise, dass der Platz eines Verstorbenen mit einem Tabu umgeben ist. Es ist wichtig, Schülerinnen und Schülern den Raum zu öffnen, damit nicht falsche Ängste in der Klasse verbleiben. Daher sollte, um sich an die oder den Verstorbenen zu erinnern, der Platz mit Blumen und einer Kerze geschmückt werden und das in der Klasse verbliebene Schulmaterial (Hefte, Bilder, Malkasten etc.) auf den Tisch gelegt werden. Besonders die Banknachbarin oder der Banknachbar sollten darin einbezogen werden. Gut ist es, wenn die Klasse selbst dieses Material nach einer angemessenen Trauerzeit den Eltern übergibt und die Sachen nicht irgendwann stillschweigend verschwinden.
– Für die weiteren Tage ist es schön, ebenfalls ein Foto aufzustellen.
– In einem nächsten Schritt kann ein Ritual folgen, das hilft, die Distanz und die Sprachlosigkeit zu überwinden. Alle Schülerinnen und Schüler werden aufgefordert, nacheinander ein kleines Symbol (z.B. kleine Glasnuggets als Tränen, Blumen, Teelichter u.ä.) abzulegen. Wer möchte, darf ein kleines Wort der Erinnerung sagen.

Eine wichtige Komponente der Trauerbewältigung ist auch die Erhaltung von Sprachfähigkeit angesichts des Leids. An dieser Stelle finden Psalmen, Kyrierufe, Gebete und biblische Geschichten ihren Ort.

Die Tiefenpsychologie arbeitet mit sog. Innenbildern. Daher ist es kein infantiler Zug, auch ältere Schülerinnen und Schüler dazu aufzufordern, die Situation durch das Malen eines Bildes zu bearbeiten. In unteren Klassenstufen kann so auch der Trauergottesdienst nachbereitet werden.

Der Trauergottesdienst sollte mit Schülerinnen und Schülern vorher besprochen werden, damit neben den auftretenden Ängsten nicht auch noch Unsicherheit als Belastung hinzutritt.

Besuchen Schülerinnen und Schüler den Trauergottesdienst und die Beerdigung, ist auf eine ausreichende Anzahl an Begleitpersonen zu achten. Erfahrungsgemäß gehen diese Stunden etlichen Schülerinnen und Schülern sehr nahe, so dass mit Hyperventilation, Kreislaufproblemen und Ohnmacht zu rechnen ist. In der eigenen Praxis hat sich immer die Mitnahme von Wasserflaschen und Tüchern für feuchte Umschläge (besonders an warmen Tagen) bewährt.

Neben allen Ratschlägen und Strategien ist eine Sache besonders zu beachten. Ein Todesfall sprengt den normalen Erfahrungsrahmen unseres

Lebens. Es ist wichtig, sich für diese Erfahrungen eine gewisse Zeit zu nehmen, in der dieses Thema den absoluten Vorrang hat. Es gibt mit Sicherheit keine Patentrezepte im Umgang mit solchen Situationen, aber man kann sich als Religionspädagogin und Religionspädagoge innerlich auf solch einen Fall vorbereite. Ebenso wichtig ist auch eine aktive Beendigung der akuten Trauerphase in der Klasse (meistens nach einigen Tagen) durch eine Wort, eine Aktion oder ein Symbol (wenn zum Beispiel die Schulsachen an die Eltern zurückgegeben werden).

Sekundarstufe I/II

Abschied nehmen: „Tears in heaven" – Tod einer Schülerin

Leitgedanken

Trauergottesdienst für die 18-jährige Schülerin Jessica Müller (Name geändert), die bei einem Verkehrunfall ums Leben gekommen ist. Die Beerdigung, findet auf dem örtlichen Friedhof statt. Es sind zur Trauerfeier viele Freunde der Verstorbenen, Mitschülerinnen und Mitschüler gekommen, deren Gebete und Gedanken in den Gottesdienst einbezogen sind.

Gottesdienstablauf in der Kapelle

EINGANGSWORTE

Wir haben uns hier versammelt, um Abschied zu nehmen von Jessica Müller, die am vergangenen Samstag im Alter von 18 Jahren gestorben ist.

Sprachlos und ohnmächtig haben wir uns versammelt, unsere Herzen sind voll von Fragen nach dem Warum und Wozu.

Bei Gott suchen wir Trost und Hilfe, Antworten auf unsere Fragen, ihm vertrauen wir Jessica an, die wir abgeben müssen.

So sind wir hier versammelt:

Im Namen des Vaters und des Sohnes und der Heiligen Geistes. Amen.

Unsere Hilfe steht im Namen des Herrn, der Himmel und Erde gemacht hat.

GEBET

Guter Gott,

du schenkst uns das Leben und du mutest uns zu, zu sterben. Wir vertrauen dir Jessica Müller an, die wir sehr geliebt haben und von der wir heute Abschied nehmen müssen.
Wir können es nicht fassen, dass sie uns genommen wurde.
Wir suchen nach Antworten auf unsere Klagen.
Öffne unsre Ohren, guter Gott, dass wir hören, was du uns sagen willst.

Öffne unsre Herzen, dass wir spüren, wie unsere Zeit, unser Leben in deiner Hand geborgen ist.

Guter Gott, wir möchten dir das Leben von Jessica anvertrauen. Wir möchten dir zutrauen, dass du dieses Leben begleitest über den Tod hinaus.

Guter Gott, halte uns fest im Glauben, dass du uns führen willst im Leben und im Sterben. Amen.

MUSIK

Wir möchten diese Trauerfeier gestalten, wie sie Jessica gefallen würde. Mit Gebeten und Gedichten von ihrer Schwester und ihren Mitschülern und mit ihrer Musik. Die Musik hat eine große Rolle im Leben von Jessica gespielt und so wollen wir in dieser Trauerfeier auch ihre Musik hören.

Als erstes *Bright eyes* von Art Garfunkel, die Titelmelodie aus dem Kinofilm *Watership down*. Den Film, den Sie oft zusammen geguckt haben.

Einspielung: „Bright eyes" von Art Garfunkel

LESUNGEN

In der Bibel sind uns Worte von Frauen und Männern überliefert, die wie wir Tod und Abschied, Schmerz und Traurigkeit erleben mussten und doch immer wieder auch erfahren durften, wie wir alle in Gottes Hand geborgen sind. So hören wir Psalm 22 in einer modernen Übersetzung *(Übersetzung: Gute Nachricht).*

Im letzten Buch der Bibel in der Offenbarung des Johannes hören wir, wie es sein wird, wenn Gott einen neuen Himmel und eine neue Erde schaffen wird. So hören wir Offb 21, 1-5 *(Übersetzung: Luther 1984).*

LIED

Von guten Mächten wunderbar geborgen (EG 652, 1-3)

PREDIGT

Gnade sei mit uns und Friede von dem, der da ist, der da war und der da kommt! Amen.

Liebe Familie Müller, liebe Trauergemeinde,

spätestens hier in der Friedhofskapelle können wir uns wohl nicht mehr verstecken vor der Tatsache, dass Jessica Müller gestorben ist. Hier an ihrem Sarg wird uns bewusst, dass wir einen lieben Menschen verloren haben, dass es tatsächlich so ist, dass Jessica nicht wieder zu uns zurückkommen wird. Wir sind erschüttert und ratlos über das, was geschehen ist.

Wie kann so plötzlich alles zu Ende sein? Warum musste alles so kommen?

Warum passierte es gerade in dieser Nacht, warum mit diesem Auto, warum musste sie sterben? Wenn sie doch bloß zu Hause geblieben wäre. Warum ausgerechnet Jessica?

Fragen, die niemand beantworten kann. Fragen nach dem Warum und Wozu, die bleiben, die unser Denken und Fühlen seit Samstag nicht mehr loslassen. Fragen, die uns sprachlos und ohnmächtig machen und bei denen wir uns eingestehen müssen, dass wir keine Antwort finden werden. Es gibt keine Antwort, Sie finden keine und ich auch nicht. Dieser Tod in seiner ganzen Unbegreiflichkeit und Sinnlosigkeit macht uns sprachlos, ratlos und hilflos. Es bleiben die unendliche Trauer, die Tränen und die große Hilflosigkeit, die Angst vor der Zukunft, die Vorstellung, dass es ein Leben ohne Jessica eigentlich gar nicht geben kann.

Und doch sind wir gerade deshalb hier zusammengekommen, weil wir Abschied nehmen wollen und müssen. Weil wir uns in unserer Traurigkeit gegenseitig halten wollen und trösten, soweit das überhaupt gehen kann. Unsere Worte stoßen an Grenzen, viel mehr sprechen unsere Gefühle, spricht unser Herz über das, was uns wirklich bewegt.

„Jessica war ein lebensfroher Mensch und hat versucht, mit allen gut auszukommen. Sie war in ihrem Handeln und Sprechen immer vorsichtig anderen gegenüber und auch aus diesem Grund ist es für uns so unverständlich, warum es gerade sie getroffen hat.

Jessica war ein hilfsbereiter und engagierter Mensch, in ihrer Freizeit betreute sie die Jugendkarategruppe. Auch und besonders darum fällt es uns so schwer von ihr Abschied zu nehmen. An kalten Wintertagen brachte sie mit ihrem Lächeln die Wärme in unsere Seelen zurück."

Mit diesen Worten haben ihre Freundinnen und Freunde, Mitschülerinnen und Mitschüler Abschied von Jessica genommen und sich an ihr Leben erinnert. So, wie uns allen in dieser Stunde des Abschieds viele Erinnerungen an das Leben von Jessica vor Augen stehen. An ihre freundliche und lebensfrohe Art, auf Menschen zuzugehen. „Nur wenn es irgendwo Ungerechtigkeiten gab, wurde sie ausfällig", haben Sie mir von Ihrer Tochter erzählt. Sie war stark und ruhig; wusste, was sie wollte und hat konsequent zu Ende geführt, was sie einmal begonnen hat.

„Eigentlich war das Leben gerade so richtig schön", haben Sie gesagt. Jessica war zufrieden mit sich, stolz endlich 18 geworden zu sein, heute wollte sie mit dem Führerschein anfangen und hat das Leben in den letzten Monaten genossen. Schulisch war alles in Ordnung, es wurden Pläne gemacht, vielleicht ein Medizin-Studium, vielleicht Kunst oder Sport als Leistungskurse: lauter Fragen, die dran sind mit 18, wenn das Leben eigentlich so richtig losgeht, wenn man Pläne hat, Träume von einem glücklichen und erfolgreichen Leben.

Und dann, in einer Nacht, ist alles vorbei! Kein Urlaub mehr mit der Tochter und Enkelin, keine steilen Waldwege mit dem Walkman im Ohr, kein Klavierspiel, keine Zeichnungen und kein Karate. Das gibt es alles nicht mehr und doch sind es genau diese Erinnerungen an das Leben von Jessica, an ihre Liebenswürdigkeit und ihre Marotten, die bleiben. Ihr Blick in den Spiegel, wenn sie aus dem Auto ausgestiegen ist; dass sie immer die letzte war, wenn morgens alle aus dem Haus zur Schule gingen; ihre Katzenliebe und ihre Lieblingsfarbe Pink als ein Symbol für ihre frohe und positive Lebenseinstellung; all dies wird uns an sie erinnern, so wird sie weiterleben in unseren Herzen und Gedanken.

„Wenn wir weinen, wirst du uns trösten und wenn wir glücklich sind, wirst du dich mit uns freuen. Manchmal wirst du wie bisher einfach da sein. Aber immer bist du für uns der hellste Stern am Himmel." So schreiben Sie in der Traueranzeige für Jessica und vielleicht kann das ein gewisser Trost sein, zu wissen, zu spüren, dass Jessica weiterlebt, trotz ihres irdischen Todes. Die Hoffnung auf das Leben danach, dass es etwas gibt, danach; dass Gott uns nicht aus der Hand lässt, dass niemand von uns verloren geht, nicht auf der Erde und nicht im Himmel.

„Ich muss meinen Weg finden zwischen Tag und Nacht" singt Eric Clapton in seinem Lied „Tears in Heaven". „Würdest du meine Hand halten, wenn ich dich sähe, würdest du mir helfen zu stehen?" Clapton stellt die gleichen Fragen wie wir: Gibt es ein Leben nach dem Tod, ewiges Leben bei Gott und wie kann ich davon erfahren, wie kann ich das ewige Leben spüren? Was wird aus Jessica? Fragen, auf die uns – wenn überhaupt – nur der Glaube helfen kann, eine Antwort zu finden. Und wenn wir keine Antwort finden, dann wenigsten eine Ahnung, eine Antwort der Hoffnung, des Vertrauens.

In der Offenbarung des Johannes lesen wir von dem neuen Himmel und der neuen Erde, davon, dass „Gott alle Tränen abwischen wird von ihren Augen, dass der Tod nicht mehr sein wird, noch Leid, noch Geschrei noch Schmerz. Denn was früher war, ist vergangen." „No more tears in heaven" singt Eric Clapton. „Die Zeit kann dich fertig machen, aber hinter der Tür ist Frieden, da bin ich sicher und ich weiß, es wird keine Tränen im Himmel geben."

Jessica ist hinter der Tür und wir bleiben zurück. Wir müssen lernen mit dem Schmerz und der Traurigkeit, mit der Angst und der unendlichen Leere zu leben. Der Abschied am Grab bleibt unglaublich schwer und doch müssen wir einen Weg finden zurück ins Leben. „No more tears in heaven" – im Himmel gibt es keine

Tränen, weil einer kommt und unsere Tränen abwischt, inmitten aller Trauer, aller Angst und aller Verzweiflung. Darauf dürfen wir vertrauen, als Hoffende und Glaubende. „No more tears in heaven." Amen.

Und der Friede Gottes höher als alle Vernunft, bewahre unsere Herzen und Sinne in Christus Jesus. Amen.

MUSIK

Einspielung: „Tears in Heaven" von Eric Clapton[3]
Würdest Du meinen Namen kennen, wenn ich dich im Himmel sähe?
Würde es wie früher sein, wenn ich dich im Himmel sähe? Ich muss stark sein und weiter machen, weil ich weiß, ich gehöre noch nicht in den Himmel.

Würdest Du meine Hand halten, wenn ich dich im Himmel sähe? Würdest Du mir helfen zu stehen, wenn ich dich im Himmel sähe? Ich muss meinen Weg finden zwischen Tag und Nacht, weil ich weiß, ich kann hier im Himmel nicht bleiben.

Die Zeit kann dich fertig machen, die Zeit kann dich einsam machen.
Die Zeit kann dein Herz brechen, lässt dich bitten und betteln. Hinter der Tür ist Frieden, da bin ich sicher, und ich weiß, es wird keine Tränen im Himmel geben.

GEBET

Ich lese das Fürbittengebet, dass ihre Freunde für Jessica geschrieben haben.

Lasst uns beten:
Lieber Vater, wir trauern um Jessica Müller.
Für alle von uns ist es schwer zu begreifen, dass ein Menschen, dem wir täglich begegnet sind, nun nicht mehr da ist.
Herr, ihr Lachen wird uns fehlen.
Der Glaube daran, dass du sie in deine Arme schließt, lässt uns weiterleben.
Beim Propheten Jesaja steht: Fürchte dich nicht, denn ich habe dich erlöst, ich habe dich beim Namen gerufen, du bist mein. So fürchte dich nicht, denn ich bin mit dir!
Vater, gib uns die Kraft zu verstehen, dass du Jessica zu dir gerufen hast und sie nun nicht mehr bei uns ist.

---

3 Originaltext und deutsche Übersetzung unter www.eric-clapton.co.uk/ecla/lyrics/tears-in-heaven.html.

Wo die Kraft der Menschen aufhört, fängt deine Kraft an:
Wir bitten dich für Jessicas Familie. Zeig ihnen, dass du das helle
Licht in dunklen Tagen bist.
Wir bitten dich für ihre Freunde.
Schicke ihnen einen Engel, der ihnen das Gefühl gibt, mit ihrer
Trauer nicht allein zu sein.
Herr, unser Gott, segne Jessica!
Und segne und beschütze alle, die ihr nahe standen. Amen.

AUSSEGNUNG

Jessica Müller, wenn du nun gehst, geh in der Gewissheit,
dass wir dich lieben.
Wenn du nun gehst, geh in der Gewissheit, dass wir dich geleiten.
Wenn du nun gehst, geh in der Gewissheit, dass der Gott des
Lebens und der Liebe dir entgegen geht.
Wir werden dich sehr vermissen!
Gott Vater, Sohn und Heiliger Geist geleiten dich durch
das Dunkel des Todes zum ewigen Leben. Der Herr segne deinen
Eingang und Ausgang von nun an bis in Ewigkeit. Amen.

Lassen Sie uns nun gehen und die Verstorbene
zu ihrem Grab geleiten!
Gott beschütze uns auf unserem Weg.

WORTE AM GRAB

Jesus Christus spricht: „Meinen Frieden gebe ich euch, ich gebe
euch nicht, wie die Welt gibt, denn in der Welt habt ihr Angst.
Darum seid getrost und fürchtet euch nicht, ich habe die Welt
überwunden."

An der Grenze dieses Lebens vertrauen wir darauf, dass auch jenseits der Grenze Leben möglich ist. Ewiges Leben bei Gott.

Im Vertrauen auf Gottes Liebe und Barmherzigkeit nehmen wir
Abschied von Jessica und legen sie in Gottes Erde.

Erde zu Erde, Asche zu Asche, Staub zum Staube. *(Erdwurf mit
Schaufel und Erde)*

Von Erde sind wir genommen, zu Erde müssen wir werden.

Wir aber, die wir leben, vertrauen auf unseren Herrn und Heiland
Jesus Christus, auf den, der gesagt hat:

„Ich bin die Auferstehung und das Leben. Wer an mich glaubt, der
wird leben, auch wenn er stirbt und wer da lebt und glaubt an
mich, der wird nimmermehr sterben."

So beten wir, wie Jesus Christus selbst gebetet hat: Vater unser im
Himmel …

SEGEN

Der Herr segne dich und behüte dich.

Der Herr lasse sein Angesicht leuchten über dir und sei dir gnädig.

Der Herr erhebe sein Angesicht auf dich und schenke dir Frieden.

Amen.

LIED

Christ ist erstanden (EG 99)

Die Mitschülerinnen und Mitschüler der Verstorbenen treten ans Grab und legen pinkfarbene Tulpen ab.

Beate Elmer-von Wedelstaedt

Förderschule

Einander wertschätzen: Der Mensch sieht, was vor Augen ist,
Gott aber sieht das Herz an. (1 Sam 16,7)

Leitgedanken

Schüler und Schülerinnen der ersten und zweiten Klassen einer Förderschule mit dem Schwerpunkt körperliche und motorische Entwicklung haben viele Erfahrungen damit gemacht, was es bedeutet, so angesehen zu werden, wie *man vor Augen erscheint.* Da sind die Augen von Ärzten, Therapeuten, Gutachtern, anderen Eltern und Kindern. Im Mittelpunkt des Gottesdienstes steht deshalb der Gedanke: Gott sieht nicht auf das, was *ins Auge fällt,* was offensichtlich ist an meinen Stärken und Schwächen. Gott sieht mein Herz an, das, was vor Augen verborgen ist, mag es mein Mut sein oder meine Angst, meine Traurigkeit oder meine Kraft, andere zum Lächeln zu bringen, meine Enttäuschung oder meine Wärme, meine Hilflosigkeit oder mein Durchhaltevermögen.

Die biblische Erzählung von der Erwählung Davids (1 Sam 16,1-13), den Kindern als Erzählung zum Bild und als Spiellied nahe gebracht, bot ihnen gute Identifikationsmöglichkeiten: Wenn jemand da ist, der nicht auf äußere Stärke achtet, der mir Wertschätzung entgegenbringt, auch wenn ich offensichtlich klein, unscheinbar oder schwach bin, dann ist das tröstlich und entlastend, dann hilft es mir, mich anzunehmen, wie ich bin.

Der Gottesdienst ist konzipiert mit Elementen, die das inhaltliche Verstehen ansprechen, kombiniert mit Elementen der Wiederholung und Ritualisierung sowie des sinnlichen Erlebens, um alle teilnehmenden Kinder, auch die schwerstbehinderten Schülerinnen und Schüler einzubeziehen.

Vorbereitung

Aus den vielfältigen Möglichkeiten, die sich bei der *Erarbeitung des Symbols Herz* ergeben, wurden in der Vorbereitung folgende Aspekte ausgewählt:

– Das *Herz als Organ* fühlen, mit einem Stethoskop hörbar machen: Wann schlägt es schnell und laut, wann langsam und ruhig? Wozu wird das Herz im Körper gebraucht, was ist, wenn es aufhört zu schlagen?

- Anhand einer Bildgeschichte wird mit den Schülern erarbeitet: im übertragenen, symbolischen Sinn ist das Herz Ort der Zuneigung, steht für die *Mitte der Persönlichkeit*. Es entsteht eine herzförmige Collage aus lauter Herzen, beschrieben und bemalt mit den Menschen, für die wir Zuneigung empfinden.
- Mein Herz kann leicht wie eine Feder sein oder schwer wie ein Stein. Mit den entsprechenden Gegenständen verstehen die Kinder rasch die *symbolische Redeweise* und erkennen: „Wenn mir etwas auf dem Herzen liegt, macht es mir das Herz schwer." Die Kinder schreiben oder malen auf ein herzförmiges Papier, was ihnen auf dem Herzen liegt. Dies kann eine momentane Sorge sein, aber das Herz ist auch Träger der bisherigen vielleicht belasteten Lebensgeschichte: „Ich möchte gerne laufen können."
- Jemandem etwas ans Herz legen, sein Herz ausschütten – in pantomimischer Erarbeitung verstehen Kinder diese *Redewendungen*. Sie erkennen, dass mein Herz leichter wird, wenn ich jemandem mein Herz ausschütte. Psalm 62,9 fordert auf: „Schüttet euer Herz aus vor Gott."
- Die Kinder betrachten den Holzschnitt Herzauge und erarbeiten: Manche Menschen sehen nur mit den Augen, dann kann man nur sehen, was vor Augen ist. Man kann aber auch *„mit dem Herzen sehen"* und dann fällt es leicht, auf das Herz zu sehen. Die Kinder lernen die biblische Erzählung von der Erwählung Davids kennen und erarbeiten: Gott sieht uns mit dem Herzen an, und er sieht nicht auf das an uns, was offensichtlich ist, sondern er sieht auf unser Herz, auf die Mitte unserer Person.
- Eine Gruppe von Kindern erarbeitet für den Gottesdienst ein Spiellied zu der biblischen Erzählung von der Erwählung Davids.

Materialien für die Vorbereitung

- Bildgeschichte Freundschaft
  (in: Dietrich Steinwede/Ingrid Ryssel/Doris Westheuser (Hg.), Religion spielen und erzählen Bd.3, Gütersloh [2]2002, Nr. 156)
- Holzschnitt Herzauge von HAP Grieshaber
  (in: Hans Freudenberg (Hg.), Religionsunterricht praktisch I. Schuljahr, Göttingen 1989 17)
- Bild zur biblischen Erzählung David wird König
  (in: Angelica Guckes, Biblische Bildergeschichten Bd.3, Stuttgart 2003, Bild 1 aus der Reihe „David wird König")
- Spiellied: David soll es sein von Siegfried Macht
  (in: Siegfried Macht: Haus aus lebendigen Steinen. Lieder für kleine und große Leute, München 1999), dazu benötigte Verkleidungssachen und Kuhhorn zur Salbung, Duftöl

- Papierherzen zum Bemalen und Beschreiben
- Stethoskop, Feder und Stein

Benötigte Materialien für den Gottesdienst

- Herzen, die die Kinder bemalt oder auf denen sie beschrieben haben: was sie auf dem Herzen haben
- ein großes Herz (z.B. aus sehr festem Karton oder aus Holz ausgesägt)
- evtl. Folie: Herzauge (s.o.)
- Verkleidungssachen, Kuhhorn, Duftöl für das Spiellied
- Herzluftballons und Schwungtuch
- Herzen, die an die Kinder zum Schluss des Gottesdienstes verteilt werden

Gottesdienstablauf

Vorspiel und Einzug

Im Gottesdienstraum sind die Stühle sind in einem großen Halbkreis mit der Öffnung hin zum Altar gestellt. Wenn möglich, ziehen die Schülerinnen und Schüler bei ruhiger Klaviermusik in den Gottesdienstraum ein.

Eingangsworte

Wir feiern jetzt zusammen einen Gottesdienst, in dem es um unser Herz geht. Wenn wir leise sind, können wir alle den Schlag unseres Herzens spüren.

Augenblick der Stille

Lied

Jedem Menschen schlägt das Herz, Str. 1-2 (Praxis 6)

Gebet

Wir brauchen in diesem Schulgottesdienst unsere Augen, Ohren, Hände und unser Herz. Deshalb beten wir gemeinsam:

Herr, du hast uns soviel geschenkt:
Ohren: Lass uns auch leise Töne hören.
Augen: Lass uns auch kleine Dinge sehen.
Hände: Lass uns behutsam damit umgehen.
Ein Herz: Lass es offen sein für dich
und für das, was wir tun sollen. Amen.

AKTION

Was wir in unseren Herzen spüren, was wir auf dem Herzen haben, das habt ihr auf eure Herzkarten gemalt und geschrieben. Wir wollen es Gott ans Herz legen, unsere Wünsche, Sorgen und Bitten vor ihm ausschütten. Deshalb darf jetzt jeder sein Herz an das große Herz Gottes legen.

Immer drei oder vier Kinder bringen gemeinsam ihre Herzen nach vorne und legen sie an das große rote Herz auf den Stufen zum Altar. Dazu leise Musik (Gitarre und Querflöte).

GEBET

Wir beten noch einmal gemeinsam:

Herr, du hast uns soviel geschenkt:
Ohren: Lass uns auch leise Töne hören.
Augen: Lass uns auch kleine Dinge sehen.
Hände: Lass uns behutsam damit umgehen.
Ein Herz: Lass es offen sein für dich
und für das, was wir tun sollen. Amen.

BILDBETRACHTUNG UND ANSPIEL

Wir erinnern uns an das Bild *Herzauge* (nach Möglichkeit noch einmal auf Folie zeigen).

Wenn Gott uns anschaut, sieht er uns mit dem Herzen an und schaut auf unser Herz. Davon handelt die Geschichte, die von David erzählt, der einmal König werden sollte.

Ein Gruppe von Kindern singt und spielt das Lied: *David soll es sein.*

Es können alle Strophen wie angegeben gesungen werden. Wenn der Text für Kinder zu schwierig ist, kann auch die Geschichte erzählt und gespielt werden und der B-Teil des Liedes jeweils als Refrain von allen gemeinsam gesungen werden: „Und der erste Sohn ...", „und der zweite Sohn ..." usw. In der letzten Strophe heißt es dann. „David, David ..."

GESPRÄCH UND AKTION

Gott hat nicht darauf geachtet, wie stark oder groß David war. Er hat David mit dem Herzen angeschaut, mit Zuneigung, und dabei auf das gesehen, was in ihm verborgen ist, auf Davids Herz. Das hat David Mut gegeben und Zuversicht für seine spätere Aufgabe. So schaut Gott auch uns an.

Wenn uns jemand soviel zutraut, wenn er uns mit soviel Liebe begegnet, dann wird unser Herz leicht, dann hüpft und springt es. Wir stellen uns alle in einen Kreis, fassen das große Schwungtuch an und lassen darauf rote Herzluftballons hüpfen und springen. Dazu erklingt Klaviermusik.

GEBET

Wir lassen das Schwungtuch bei ausklingender Musik sinken und lassen unsere Herzen zur Ruhe kommen. Wir bleiben im Kreis stehen und fassen uns an den Händen. Gemeinsam beten wir das Vaterunser. Danach setzen wir uns wieder.

Vater unser im Himmel …

LIED

Damit unsere Herzen leicht und froh werden, brauchen wir jemanden, der uns mag, der uns etwas zutraut. So jemand können Eltern und Freunde sein. Gott selbst ist es, der uns sagt: „Ich mag dich, du."

Kindermutmachlied (MKL 100)

SEGEN

Mögest du in deinem Herzen
die Liebe Gottes empfangen.

Mögest du in deinem Herzen
Gottes Nähe spüren.

Mögest du aus deinem Herzen
Gott für alles Leben danken.

NACHSPIEL UND AUSZUG

Zu Beginn des Gottesdienstes haben alle Gott das ans Herz gelegt, was sie auf dem Herzen haben, was ihr Herz manchmal schwer macht. Zum Abschluss des Gottesdienstes soll jeder etwas mitnehmen, was ihn freut, was sein Herz leicht macht. Während die Musik eine Liebesgeschichte erzählt, gehen wir ruhig zum Ausgang und jeder bekommt dort eine Erinnerung an diesen Gottesdienst.

Zur Musik verlassen die Kinder langsam die Kapelle und bekommen am Ausgang ein schön gestaltetes Herz geschenkt.

Hans Hallwaß

Grundschule

Sich selbst wahrnehmen: Und Gott sah, dass es gut war!

Leitgedanken

Wer bin ich? Diese Frage gehört zu den Urfragen der Menschheit. Sie ist zu verstehen als Suche nach Orientierungsangeboten und Identifizierungsmöglichkeiten in einer Welt, deren Bedeutungen sich nicht naturalistisch aus sich selbst heraus erschließen. Der Mensch muss nicht nur seiner Umwelt, sondern auch sich selbst Bedeutungen zuweisen.

Sich selbst als angenommen zu erfahren – *So wie ich bin!* gehört für Schülerinnen und Schüler im Kontext von Leistungsanforderungen nach PISA zu den Grundvoraussetzungen schulischer Bildungsarbeit, die die *Maße des Menschlichen*[4] wahrnimmt und achtet. „Und Gott sah, dass es gut war!" (Gen 1,10). Biblische Schöpfungsaussagen preisen nicht nur unsere Welt als gutes Werk Gottes, sondern weisen dem Menschen in der Ordnung seiner Welt (Ps 8 und Ps 104) seinen Platz zu und geben ihm damit seine Identität und Antwort auf die Frage: *Wer bin ich?* Der folgende Gottesdienstentwurf legt deshalb als Antwort auf die Urfrage des Menschen den Schwerpunkt auf die Eigentümlichkeit eines jeden Menschen: „Du bist ein bisschen von allem, du bist das Seltenste, das Schönste auf der ganzen Welt."

Vorbereitungen

Den Schwerpunkt des Gottesdienstbuches liegt auf einer Erzählung nach dem Bilderbuch „Kleines Hotsch-Potsch" von Brian Patten, Berlin 2000. Für die Erzählung kann das Bilderbuch mit Hilfe eines Epidiaskops projiziert werden. Oder die Geschichte wird im Unterricht einer Klasse als Spiel mit stummen Rollen eingeübt. Außerdem werden ein großer Spiegel und mehrere kleine Spiegel benötigt.

---

4 EKD (Hg.), Maße des Menschlichen. Evangelische Perspektiven zur Bildung in der Wissens- und Lerngesellschaft – Eine Denkschrift, Gütersloh 2003.

Ablauf des Gottesdienstes

VORSPIEL

BEGRÜSSUNG

LIED
Gottes Liebe ist so wunderbar (Kindergesangbuch 146)

EINGANGSWORT UND GEBET
Das Gebet wird im Stehen mit Bewegungen gesprochen

Guter Gott,
die Hände falten

Schön, dass wir jetzt hier sind und miteinander Gottesdienst feiern.
dem Nachbarn links und rechts die Hand reichen

Sei mit deinem Segen bei mir.
die Hände zum Segen auf den Kopf legen

Du hast mich wunderbar geschaffen.
mit beiden Händen einen großen Bogen schlagen

Mit mir wird die Welt weiter und größer.
die Arme zu einem Ring schließen

Hilf mir dabei, mich in meiner Einzigartigkeit zu entdecken
auf sich selber zeigen

Darum bitte ich dich.
die Hände falten

Amen.

PSALMLESUNG
Psalm 8 in der Übersetzung der Guten Nachricht

HERR, unser Herrscher!
Groß ist dein Ruhm auf der ganzen Erde!
Deine Hoheit reicht höher als der Himmel.
Aus dem Lobpreis der Schwachen und
Hilflosen baust du eine Mauer,
an der deine Widersacher und Feinde
zu Fall kommen.
Ich bestaune den Himmel,
das Werk deiner Hände,
den Mond und alle die Sterne,
die du geschaffen hast:
Wie klein ist da der Mensch,
wie gering und unbedeutend!
Und doch gibst du dich mit ihm ab

und kümmerst dich um ihn!
Ja, du hast ihm Macht und Würde verliehen;
es fehlt nicht viel, und er wäre wie du.
Du hast ihn zum Herrscher gemacht
über deine Geschöpfe,
alles hast du ihm unterstellt:
die Schafe, Ziegen und Rinder,
die Wildtiere in Feld und Wald,
die Vögel in der Luft
und die Fische im Wasser,
die kleinen und die großen,
alles, was die Meere durchzieht.
HERR, unser Herrscher,
groß ist dein Ruhm auf der ganzen Erde!

LIED

Lasst uns miteinander (MKL 23)

AKTION

Hinführung zum Thema der Erzählung durch eine kleine, spontane Mitmachaktion mit drei Freiwilligen. Im Flüsterton erfolgt eine kurze Absprache:
F1 soll einen Traurigen spielen und sich mit der Hand über Gesicht und Augen fahren, als würden Tränen weggewischt.
F2 soll einen Selbstbewussten spielen und mit verschränkten Armen und stolzem Blick aufrecht stehen.
F3 soll einen Unsicheren spielen, leicht nach vorne gebeugt und den Kopf nach unten geneigt stehen.
Die Einsatzzeichen erfolgen per Schulterberührung.

Kennt ihr das auch? Manchmal frage ich mich: Wer bin ich eigentlich?

Es gibt Tage, da geht schon morgens alles schief: Du hast schlecht geschlafen. Du beeilst dich und wirst trotzdem noch ausgeschimpft: „Nun mach schon, sonst kommst du wieder zu spät." Du gehst zur Schule. Dann fällt dir ein, dass du etwas ganz Tolles gestern für die Schule gebastelt hast. Es ist einfach super geworden. Aber du hast es zuhause vergessen. Und dann sagt auch noch jemand zu dir: „Na, wieder alles vergessen?" Du füllst dich richtig traurig.

F1 bekommt das Einsatzzeichen

Am liebsten würdest du gleich losweinen. Wenn dich jetzt jemand fragt, wer du bist, sagst du lieber gar nichts. Höchstens noch deinen Namen. Du gehst stumm weiter.

Aber dann gibt es auch solche Tage, da stehst du morgens auf, alle Hausaufgaben sind gemacht, du gehst zur Schule. Unterwegs triffst du deine beste Freundin oder deinen besten Freund. Ihr seid lustig und lacht und freut euch auf die Schule. Du fühlst dich mutig und stark. Du bist richtig selbstbewusst.

F2 bekommt das Einsatzzeichen

Wenn dich dann jemand fragt, wer du bist, dann sagst du stolz deinen Namen und denkst, was soll mir heute schon passieren.

Und wieder an einem anderen Tag, da würdest du am liebsten im Bett bleiben und dich unter der Bettdecke verkriechen. Du denkst an die Schule und schon spürst du Angst. Am liebsten würdest du unsichtbar zur Schule gehen, damit dich niemand sieht. Du stehst auf dem Schulhof und jemand spricht dich an.

F3 bekommt das Einsatzzeichen

Du tust so, als würdest du niemanden sehen. Und noch besser: Du tust so, als würde dich niemand sehen. Wenn dich jemand fragt, wer du bist, bleibst du stumm.

Ich denke, ihr kennt das! Wer bin ich eigentlich? Manchmal fragen wir uns das selber.

LIED
Wir wünschen Frieden euch allen (EG 433)

ERZÄHLUNG MIT BILDERN
Der folgenden Erzählung liegt das Bilderbuch „Kleines Hotsch-Potsch" von Brian Patten, Berlin 2000, zugrunde. Die Bilder werden während der Erzählung gezeigt. Es geht aber auch ohne Bilder. Oder die Geschichte wird mit verteilten Rollen als stummes Spiel während der Erzählung aufgeführt.

Eine Bitte an alle zum Mitmachen bei der Erzählung:

Einem kleinen Tierchen ging es auch so, wie uns manchmal. Es wollte gerne wissen, wer es eigentlich ist. Ich erzähle euch die Geschichte. Aber ihr müsst mir alle helfen. Immer, wenn ich sage: „Entschuldige bitte …" sagen wir alle zusammen: „Kannst du mir sagen, wer ich bin!"

Lasst es uns üben! …

Und nun die Geschichte:

Eines Tages sah ein kleines scheues Tierchen sein Spiegelbild in einem zugefrorenen Teich. Das Einzige, was es erkennen konnte, waren seine Augen. Sie waren so groß und so hell wie der Mond. Das kleine Tierchen wusste nicht, wer es war, und so fragte es den Eisbären: „Entschuldige bitte, kannst du mir sagen, wer ich bin?" –

„Du hast so wunderbar bunt schillernde Federn wie der Regenbogen", seufzte der Eisbär, „aber wer du bist, dass weiß ich nicht. Lass uns in den Urwald gehen und den Papagei fragen."

Und so gingen sie zum Papagei, und das kleine Tierchen sagte: „Entschuldige bitte, kannst du mir sagen, wer ich bin?" „Du hast eine so schöne lange Schnauze", krächzte der Papagei, „aber wer du bist, das weiß ich nicht. Lass uns zum Ameisenhügel gehen und den Ameisenbär fragen."

Und sie gingen alle gemeinsam zum Ameisenbären, und das kleine Tierchen sagte: „Entschuldige bitte, kannst du mir sagen, wer ich bin?" Der Ameisenbär zog seinen Rüssel aus dem Ameisenhügel und sagte: „Wirklich, du hast einen unglaublich seidigen Schnurrbart, aber wer du bist, das weiß ich nicht. Lass uns zum Kornfeld gehen und die Feldmaus fragen."

Und so gingen sie alle zusammen zur Feldmaus, und das kleine Tierchen sagte: „Bitte entschuldige, kannst du mir sagen, wer ich bin?" „Du hast eine Zunge, die zuckt so schnell wie der Blitz", fiepte die Feldmaus, „aber wer du bist, das weiß ich nicht. Lass uns in die Wüste gehen und die Schlange fragen."

Und sie gingen alle zusammen zur Schlange, und das kleine Tierchen sagte: „Kannst du mir vielleicht helfen? Entschuldige bitte, kannst du mir sagen, wer ich bin." Die Schlange schlängelte heran, um besser sehen zu können, und sagte: „Du hast eine prächtige goldene Mähne, aber wer du bist, das weiß ich nicht. Lass uns in die Steppe gehen und den Löwen fragen."

Und so gingen sie alle zusammen zum Löwen, und das kleine Tierchen sagte: „Bitte entschuldige, kannst du mir sagen, wer ich bin? Ich versuche herauszufinden, wer ich bin." Der Löwe gähnte: „Deine Flügel glitzern wie die Fenster einer Kathedrale, noch nie habe ich solch wunderschöne Flügel gesehen, aber wer du bist, das weiß ich nicht. Lass uns zum Teich gehen und die Libelle fragen."

Und so gingen sie alle zusammen zur Libelle, und als die Libelle herbei geschossen kam, sagte das kleine Tierchen: „Entschuldige bitte, kannst du mir sagen, wer ich bin? Ich versuche herauszufinden, wer ich bin, vielleicht kannst du mir helfen." „Dein Fell ist so rot wie der Sonnenuntergang", sirrte die Libelle, „aber wer du bist, das weiß ich nicht. Lass uns den Fuchs fragen."

Allmählich wurden die Tiere müde, aber trotzdem machten sie sich auf den Weg zum Fuchs, und das kleine Tierchen sagte: „Entschuldige bitte, kannst du mir sagen, wer ich bin?" „Dein Schwanz ist so schwarz wie die Nacht", sagte der Fuchs, „trotz all meiner Schläue, aber wer du bist, weiß ich nicht. Lass uns die Katze fragen."

Und so gingen sie alle zusammen zur Katze, und das kleine Tierchen sagte: „Niemand scheint zu wissen, wer ich bin, kannst du mir vielleicht helfen?" „Was ist dir denn zuerst an dir selbst aufgefallen?", fragte die Katze. „Ich sah mein Spiegelbild in einem zugefrorenen Teich, und meine Augen waren so groß und so hell wie der Mond", sagte das kleine Tierchen. „Dann musst du die Eule fragen", sagte die Katze.

Und so gingen sie alle zusammen zur Eule, und das kleine Tierchen sagte: „Entschuldige bitte, kannst du mir sagen, wer ich bin?" Und die weise Eule sagte: „Natürlich kann ich das, du bist ein bisschen von allem, du bist das Seltenste, das Schönste auf der ganzen Welt!

Du bist das kleine Hotsch-Potsch!⁵

Das war die kleine Geschichte. Toll, wie ihr mir beim Erzählen geholfen habt. Wie war doch gleich die Antwort der schlauen Eule? „Du bist ein bisschen von allem, du bist das Seltenste, das Schönste auf der ganzen Welt." Ob wir die Antwort auch zusammen sprechen können? Versuchen wir es gemeinsam: „Du bist ein bisschen von allem, du bist das Seltenste, das Schönste auf der ganzen Welt!"

LIED

Danke für diesen guten Morgen (EG334)

AKTION

Da war das kleine Hotsch-Potsch natürlich ganz glücklich. Und wenn wir manchmal nicht wissen, wer wir sind, dann gibt es auch einen schönen Satz aus der Bibel, der etwas Ähnliches bedeutet. Ich habe ihn euch mitgebracht. Nur leider sind mir die Worte des Satzes durcheinander geraten. Wir müssten sie zusammen wieder ordnen. Dazu brauche ich fünf Freiwillige, die die einzelnen Worte halten, damit wir sie ordnen können.

5 Schülerinnen und Schüler erhalten jeweils ein Blatt mit je einem Wort: Gott sah: Es war gut! Die Schülerinnen und Schüler ordnen gemeinsam, der geordnete Satz wird mit Kreppband sichtbar für alle angebracht.

Und wisst ihr, wer damit gemeint ist? Das zeige ich euch. Schaut mal hierher

Der Spiegel wird gut sichtbar gehalten

Alle die ihr in diesem Rahmen seht, die sind gemeint, wenn in der Bibel steht: Gott sah: es war gut.

---

5 Hotsch Potsch kommt aus der englischen Umgangssprache und bedeutet dort Wirrwarr.

Alle Schülerinnen und Schüler können sich im Spiegel wieder ent-
decken. Ggf. den Spiegel durch den Gottesdienstraum tragen oder
mehrere kleine Spiegel durch die Reihen geben.

LIED

Du hast uns deine Welt geschenkt (EG 676)

GEBET UND VATERUNSER

Guter Gott, danke, dass wir so wunderbar geschaffen sind. Wenn
wir traurig sind, dann wollen wir daran denken, dass du uns gut
findest. Und wenn wir Angst haben, dann wollen wir daran denken, dass du unser Freund bist. Gemeinsam beten wir:

SENDUNG UND SEGEN

Und nun macht einfach wieder nach, was ich vormache:

Gott, ich bitte dich.
beide Hände werden geöffnet

Geh du mit mir alle Tage.
zwei Finger jeder Hand gehen

Sei du für mich wie ein guter Freund oder eine gute Freundin.
die Hände werden ineinander gelegt

Dein Segen sei um mich.
die Hände auf den Kopf legen

Denn du hast mich wunderbar gemacht
Hände zeigen auf sich selber

Amen.

LIED

Wo zwei oder drei (EG 578)

NACHSPIEL

Manfred Karsch

Sekundarstufe I/II

Beurteilt werden: Wenn Leistung zählt und alle Eins sind – school's out Gottesdienst

Leitgedanken

Dem Schuljahresende kann von Seiten aller, die in der Schule leben und arbeiten, mit gemischten Gefühlen entgegen gesehen werden. Auf der einen Seite bedeutet es Stress im Hinblick auf die Erteilung von Noten und die Bewertung durch Zeugnisse, auf der anderen Seite liegt die Vorfreude auf eine lange Ferienzeit. Der Gottesdienst versucht in der Auseinandersetzung mit dem Gleichnis von den Arbeitern im Weinberg (Mt 20,1-16) beide Gefühle aufzugreifen und ins Gespräch zu bringen.

Vorbereitung

Der Gottesdienst wurde mit einer Gruppe von Schülerinnen der Sekundarstufe II eines Gymnasiums vorbereitet. Die Sprechtexte wurden von den Schülerinnen nach einem Gespräch über das Gleichnis selbst verfasst. Für den Gottesdienst werden sechs große Pappkartons auf den vier senkrechten Seiten so beschriftet, dass sich nacheinander in einer Reihe übereinander und nebeneinander folgende Worte bzw. Zahlen ergeben:

S-C-H-U-L-E   1-2-3-4-5-6   1-1-1-1-1-1   F-E-R-I-E-N

Zu Beginn des Gottesdienstes werden die Kartons vorn mit der Seite SCHULE zu einem Turm aufgerichtet.

MUSIK
  Wenn möglich wird das Lied „School's out for ever" von Alice Cooper eingespielt.

LIED
  Morgenlicht leuchtet (EG 455)

EINGANGSWORTE
  Wir feiern diesen Gottesdienst im Namen des Vaters und des Sohnes und des Heiligen Geistes. Amen.

Wenn wir Gottesdienst feiern,
dann wollen wir Gott loben und danken für alles,
was er uns gegeben hat.

Wenn wir Gottesdienst feiern,
dann wollen wir uns darüber freuen, dass wir zusammen sind.

Wenn wir Gottesdienst feiern,
dann erinnern wir uns daran, was Gott mit Jesus Christus für uns
getan hat.

EINGANGSGEBET

Ich möchte ein Gebet sprechen:

Lieber Vater im Himmel,

Dies ist ein besonderer Tag. Es ist lange her, dass wir in unserer
Schule Gottesdienst gefeiert haben. Deshalb möchte ich dir danken
für die Mitschülerinnen und Mitschüler, die sich heute die Zeit
genommen haben, hier zu sein.

Wir, die wir diesen Gottesdienst vorbereitet haben, wünschen uns,
dass wir etwas von dir sagen können, so dass alle etwas mitnehmen
können: etwas zum Nachdenken, etwas, über das wir uns freuen
können und etwas, für das wir danken können. Segne du unseren
Gottesdienst. Amen.

LIED

Ich lobe meinen Gott, der aus der Tiefe mich holt (EG 673)

SPRECHTEXT

Der Text wird von mehreren Sprechern und Sprecherinnen gesprochen.

Wenn die Leistung zählt ...

Liebe Mitschülerinnen und Mitschüler,
wir werden benotet und bewertet. Fast jeden Tag erleben wir das:
Wenn ein Lehrer Striche oder Kreuze in sein Buch macht;
wenn wir gelobt werden oder getadelt;
wenn wir eine Klassenarbeit zurückbekommen;
wenn es am Ende eines Schuljahres die Zeugnisse gibt.

Und jeder von uns kennt das Gefühl:
Wenn ich das Heft aufschlage und sehe es Rot auf Weiß:
die Note, die ich bekommen habe – verdient oder nicht – ...

*Das S wird vom Turm heruntergenommen und als 6 gedreht
danebengelegt.*

Du hast eine Sechs! Ungenügend!

Oh Shit, tiefer kann ich wohl nicht mehr sinken.
Fragt sich nur, wie ich da je wieder rauskommen soll.
Meine Eltern werden durchdrehen.
Vielleicht erzähle ich es ihnen erst gar nicht.
Außerdem liegt das auch am Lehrer.
Der gibt mir sowieso keine Chance mehr, um weiter aufzusteigen.

Na ja, noch ist nichts verloren.
Aber ist vielleicht ganz gut, wenn ich sitzen bleibe.
Habe ja gar nicht mehr gelernt und konnte auch nichts
anderes erwarten.
Wenigstens kümmern sich die anderen jetzt mal um mich.
Alle wollen mir plötzlich helfen.
Anscheinend bin ich ihnen doch nicht ganz gleichgültig.

Das C wird vom Turm heruntergenommen und als 5 gedreht daneben gelegt.

Du hast eine Fünf! Mangelhaft!

Schon wieder so eine schlechte Note.
Irgendwie bin ich ja wieder selbst Schuld.
Hätte ich vorher mehr geübt,
wäre die Arbeit bestimmt besser ausgegangen.
Aber manchmal lerne ich und lerne,
und trotzdem kommt so was dabei raus.
Die Lehrer benoten ja auch viel zu hart.

Pah, diese Streber, gut, dass ich nicht einer von denen bin –
immer soviel lernen ist nichts für mich.
Was die Zukunft betrifft – ach, das renkt sich schon wieder ein.

Das H wird vom Turm heruntergenommen und als 4 gedreht daneben gelegt.

Du hast eine Vier! Ausreichend!

Oje, wenn ich noch schlechter werde,
reißen meine Eltern mir den Kopf ab!
Du liebe Zeit, wie konnte ich nur so abrutschen?
Eine Vier – ist ja fast schon eine Fünf.

Puh, keine Fünf, mal wieder knapp vorbei, hab' Glück gehabt.
Die Armen unter mir. Ist doch ganz gut, dass ich keine Fünf habe.

Das U wird vom Turm heruntergenommen und als 3 gedreht daneben gelegt.

Du hast eine Drei! Befriedigend!

Schon wieder eine Drei! Na super, wieder Mittelmaß, vollkommener Durchschnitt.
Aber ich will auch mal besser sein, den anderen beweisen, dass ich auch was kann und nicht immer nur befriedigend bin.
Ist ja 'ne gute Zensur, aber irgendwann wird es mir echt zu langweilig. Eine Drei schafft jeder.

Eine Drei ist eine ganz gute Note.
Gut, dass ich ein bisschen geübt habe, sonst hätte ich bestimmt schlecht abgeschnitten.

Das L wird vom Turm heruntergenommen und als 2 gedreht daneben gelegt.

Du hast eine Zwei! Gut!

Nein, ich habe schon wieder keine Eins geschafft.
Immer nur Zweien.
Ich kann mich anstrengen, so viel ich will, aber es scheint ja nichts zu nützen.

Alle sagen immer, dass es doch eine gute Note ist, aber das reicht mir halt nicht. Ich möchte auch mal sehr gut sein.

Das hab ich gut gemacht. Zwar keine Eins, aber ich will ja auch keine Streberin sein, und eine Drei ist es auch nicht.

Das E wird vom Turm heruntergenommen und als 1 gedreht daneben gelegt.

Du hast eine Eins! Sehr gut!

Jetzt denken die Anderen bestimmt, ich bin eine Streberin!
Ständig kommen dumme Sprüche! Ich glaub', das nächste Mal baue ich ein paar Fehler ein, dass ich wenigstens eine Zwei bekomme.

Ich habe mir die sehr gute Note wirklich verdient.
Schließlich habe ich sehr viel Zeit damit verbracht, zu lernen. Ich kann echt stolz auf mich sein.

LIED
Wir strecken uns nach dir (EG 664)

SPRECHTEXT
Der folgende Sprechtext wird von mehreren Sprecherinnen und Sprechern gesprochen. Die eingerückten Abschnitte spricht immer derselbe Sprecher.

Wenn die Liebe zahlt …

Kannst du was, dann bist du was! So geht es häufig unter uns zu. Dass es auch ganz anders sein kann, davon erzählt Jesus in einem Gleichnis, das wir euch jetzt vorstellen wollen.

Ein Mann hat einen Weinberg. Der Wein wächst gut. Und als die Zeit zur Ernte kommt, geht er auf den Marktplatz, um Arbeiter für die Ernte einzustellen.

Es ist morgens um sechs Uhr, als er auf dem Marktplatz ankommt.

M: Ich suche Arbeiter für meinen Weinberg. Wollt ihr für mich arbeiten?
A: Was zahlst du?
M: Ein Silberstück für jeden von euch.
A: Das ist ein gerechter Lohn. Wir werden für dich arbeiten.

Aber es gibt viel zu tun zur Erntezeit. Die Arbeiter schaffen es nicht allein.

Um neun Uhr geht der Weinbergbesitzer wieder los und holt weitere Arbeiter.

Um zwölf Uhr, als die anderen schon in der Mittagshitze arbeiten, geht er wieder los und holt eine weitere Gruppe von Leuten. Genauso macht er es um fünfzehn Uhr und um sechzehn Uhr. Schließlich ist es siebzehn Uhr, und der Weinbergbesitzer holt noch einmal Arbeiter.

M: Ich suche Arbeiter für meinen Weinberg. Wollt ihr für mich arbeiten?
A: Was? Jetzt um diese Zeit? Eine Stunde vor Feierabend? Welchen Lohn willst du uns geben?
M: Ich werde euch geben, was recht ist.

So gehen auch diese Arbeiter mit in den Weinberg und arbeiten die letzte Stunde des Tages.

Schließlich ist Feierabend und der Weinbergbesitzer lässt den Arbeitern den Lohn auszahlen.

Er beginnt bei den Letzten, die um siebzehn Uhr mit der Arbeit begonnen haben. Jeder von ihnen bekommt ein Silberstück. So geht es auch mit denen, die um sechzehn Uhr… um fünfzehn Uhr… um zwölf Uhr und um neun Uhr begonnen haben. Jeder von ihnen bekommt ein Silberstück.

Schließlich kommen die an die Reihe, die morgens um sechs Uhr begonnen haben. Auch diese bekommen ein Silberstück. Da ärgern sie sich. Sie werden böse und beschweren sich.

A: Das ist eine Gemeinheit! Wir haben den ganzen Tag geschuftet. Die da haben nur die Hälfte des Tages gearbeitet und die da sogar nur eine ganze Stunde. Und sie bekommen trotzdem das Gleiche wie wir.
M: Nein, meine Freunde. Ich tue euch kein Unrecht. Überlegt doch einmal: Am Morgen haben wir abgemacht, dass ihr ein Silberstück als Tageslohn bekommt. Und das habt ihr bekom-

men. Ich will nun einmal den Letzten genauso viel geben wie euch, den Ersten. Warum seid ihr so neidisch, weil ich so gütig bin?

Damit hört unsere Geschichte auf. Wir wissen nicht, was die Arbeiter nun sagen. Der Evangelist Matthäus, der diese Geschichte aufgeschrieben hat, sagt dazu:

Die Letzten werden die Ersten sein, und die Ersten die Letzten.

Aber das hat Jesus wohl nicht gemeint, sondern: Egal, was einer auch geleistet hat, für Gott sind alle gleich. Gott gibt, was wir zum Leben brauchen. Für ihn sind alle EINS!

Die Kartons werden gedreht,
so dass jeweils eine Eins sichtbar wird.

LIED

Ins Wasser fällt ein Stein (EG 659, 1-2)

ANSPRACHE

Während der Kurzansprache wird der Turm wieder aufgebaut.
Dabei werden die Kartons noch einmal gedreht, so dass das Wort
FERIEN entsteht.

Liebe Schülerinnen und Schüler, liebe Lehrerinnen und Lehrer,

Wenn Leistung zählt … – der Titel dieses Gottesdienstes mit drei Punkten, die andeuten, dass da eigentlich noch was kommen müsste, trägt so manche Widersprüche in sich:

Wenn Leistung zählt … – Ist eigentlich der Ort für diesen Gottesdienst richtig gewählt? Der übergroße Klassenraum, Ort für Klassenarbeiten und Klausuren, Stress, Panik, Angst…

Wenn Leistung zählt … – Ist der Zeitpunkt für solch einen Gottesdienst denn richtig? Heute ist eh alles egal, Arbeiten sind geschrieben, Noten verteilt, Zeugnisse unterzeichnet. Ferienstimmung liegt doch schon in der Luft.

Wenn Leistung zählt … – Ist das Publikum angemessen: Schülerinnen und Schüler und mitten darin Lehrerinnen und Lehrer: Urteiler und Beurteilte feiern Gottesdienst! Wer mag denn schon die Schule, wie gut sie auch sei, mit dem Weinberg vergleichen, in dem alle fröhlich arbeiten, weil ja alle den gleichen Lohn bekommen, alle eins sind?

Wenn alle Eins sind … – für manchen von uns wäre das der Himmel auf Erden: Alle eine Eins! Kreuzchen und Striche in Lehrerkalender und Notentabellen, Beurteilungen und Zensuren in Klassenarbeitsheften und auf Zeugnisblättern wären einfach nicht mehr nötig. Alle sind ja Eins, alle sind alle gleich! Welch eine Befreiung für euch Schülerinnen und Schüler. Der Druck der Noten fällt von den Schultern. Jeder und jede kann so sein wie er will und wie er es mag.

Welch eine Entlastung für sie als Lehrerinnen und Lehrer. Mit welchen Augen könnten sie ihre Klassen dann sehen, wenn sie endlich die Notenbrillen von ihren Nasen nehmen könnten, durch die sie ihre Schülerinnen und Schüler am Ende eines Halbjahres ansehen müssen?

Wenn alle Eins sind … – das wäre schon der Himmel auf Erden, aber wir wissen auch: So geht es dann doch nicht! Die Geschichte von den Arbeitern im Weinberg ist dann doch nur eine Geschichte vom Himmel, auf Erden werden weiter die Noten verteilt und die Leistung zahlt, nicht die Liebe zählt. Nach jeder Klassenarbeit und nach jedem Schuljahr gibt es sie: die Guten und die Schlechten!

Und wenn ich jetzt von der Schule ohne Noten erzählen würde, in der alles nur nach Liebe und Barmherzigkeit riecht, würdet ihr, ob Schüler oder Lehrer, auch nur müde abwinken und sagen: Na ja, der ist ja schließlich Pfarrer, der muss es ja schließlich so sagen, aber so richtig mit beiden Beinen im Leben steht der auch nicht!

Den Himmel auf Erden, liebe Schüler und Lehrer, hab ich tatsächlich auch nicht im Angebot. Aber es gibt Zeiten im Leben, da kann man spüren, wie das sein könnte, wenn der Himmel die Erde berührt. *Ferienzeit* kann so eine Zeit werden, in der der Himmel der Erde ganz nah kommt, wenn wir anfangen, uns das Wort Ferien so richtig auf der Zunge zergehen zu lassen und durchzubuchstabieren:

F – das steht für *Freiheit*. Freiheit von allem, was sonst den Alltag bestimmen muss. Morgens nicht früh raus, den Bus noch bekommen, ab acht Uhr zu Höchstleistungen auffahren und in der sechsten Stunde noch wie ein Turnschuh sein. Nein, F wie Freiheit. Schools out – nicht for ever, aber immer – for summer!

E – das steht für *Erholung*. Die brauchen wir, als Schüler und als Lehrer. Wer immer nur fordern muss und wer immer nur gefordert wird, der wäre kein Mensch. Zum Leben gehört die Freizeit, davon erzählt schon die Schöpfungsgeschichte, faul sein ist keine Schande, sondern ein Geschenk, wenn man es zur richtigen Zeit gebraucht.

R – das steht für *Ruhe* und I für *Initiative*. Beide können wir in den Ferien lernen: Die Werbung eines Reiseveranstalter hat ja was, wo da einer seine Füße in den Swimming Pool hält und sagt. „Einmal nichts zu meckern!" Die Seele baumeln lassen und das tun, was einem selbst Spaß macht. Nicht mehr und nicht weniger!

E – das geht nun schon aufs Ende der Ferien zu. E steht für *Ermutigung* und N am Ende der Ferien steht für *Neuanfang*. Ermutigung zum Neuanfang, dazu halten sechs Wochen Ferien genug Zeit, Stunden und Tage bereit. Ferien laden dazu ein, dass wir unseren Träumen ein wenig zum Leben verhelfen. Schenkt euren Träumen ein bisschen Leben und vielleicht ist es dann nicht so weit davon entfernt, dass solche *Träume vom Einssein,* wie sie Jesus in seiner Geschichte von den Arbeitern im Weinberg erzählt, einmal Wirklichkeit werden. Denn wahr sind sie ja schon. Und das wirkt dann weiter, auch ins nächste Schuljahr hinein: Freiheit, Erholung, Ruhe und Initiative, Ermutigung und einen Neuanfang – ich wünsche euch schöne Ferien. Amen.

Lied

Ins Wasser fällt ein Stein (EG 659, 3)

Fürbittengebet und Vaterunser

Wir wollen beten:

Lieber Vater im Himmel,

wir danken dir, dass du es gut mit uns meinst.

Du möchtest, dass alle Menschen zu ihrem Recht kommen.

Du möchtest, dass sich alle Menschen an ihrem
Leben freuen können.

Du möchtest, dass es in der Welt keinen Streit gibt über Gutsein und Bessersein;
über Macht und Stärke.

Deshalb bitten wir dich.

schenke du uns die Weite deines Herzen und die Offenheit deiner Liebe, damit wir so, wie du auf uns zugehst, auch auf andere Menschen zugehen.

Wir wünschen uns, dass wir andere Menschen nicht nach ihrer Leistung beurteilen, sondern dass wir so aufeinander zugehen, wie wir sind.

Du gibst uns das, was wir zum Leben brauchen, weil deine Liebe größer ist als unser Wunsch nach Gerechtigkeit. Deshalb bitten wir dich, dass wir lernen, von unserem Reichtum abzugeben; dass wir den Fremden in unserem Land nicht das Recht auf ein menschenwürdiges Leben absprechen; dass wir laut werden, wo Menschen zum Opfer von Vorurteilen werden.

Du möchtest, dass unser Leben nicht nur aus Arbeiten und Beurteilen besteht. Du schenkst uns Zeiten der Ruhe, zum Ausspannen und Feiern. Wir wünschen uns allen eine schöne Ferienzeit, wo auch immer wir sie erleben.

Wir beten gemeinsam: Vater unser im Himmel …

LIED

Bewahre uns, Gott (EG 171)

MUSIK

III.

*Auf dem Weg mit Stationen
des christlichen Glaubens*

Manfred Karsch

Einleitung

Die pädagogische Bedeutung des Kirchenjahres als Form des Erinnerns und Gedenkens

Die Wahrnehmung des Kirchenjahres trifft im Kontext des Schulalltags auf Bedingungen, die die Vorbereitung und Durchführung von Schulgottesdiensten vor nicht unerhebliche Schwierigkeiten stellen:

Zum einen fallen die kirchlichen Hauptfeste (Weihnachten, Ostern, Pfingsten) in den Bereich von Ferienzeiten, so dass Schulgottesdienste zu diesen Anlässen in der Regel vor- oder nachgefeiert werden müssen. Zum anderen – und das ist die weitaus größere Schwierigkeit – ist ein lebensweltlicher Bezug der meisten Schülerinnen und Schüler, aber auch der Unterrichtenden, zum Kirchenjahr kaum mehr vorauszusetzen. Der Rhythmus des Schuljahres hat nicht nur andere Anfangs- und Endpunkte als das mit dem ersten Advent beginnende und mit dem Ewigkeitssonntag abschließende Kirchenjahr, es hat auch andere *Hoch*zeiten mit Klassenfahrten, Schulfesten und Zeugnistagen und natürlich hat es auch andere *Durststrecken festloser Zeiten,* in denen Phasen von Klassenarbeiten und Klausuren, Tests, mündlichen Prüfungen und anderen Leistungsbewertungen das Leben von Schülerinnen, Schülern und Lehrkräften bestimmen.

Diese diachrone Rhythmisierung von Zeit im Schuljahr und im Kirchenjahr hat ihr Ursache auch in einer gegenüber dem Kirchenjahr veränderten modernen Wahrnehmung von Zeit, die auch den Schulalltag bestimmt. Im Kirchenjahr äußert sich ein *zyklisches Zeitverständnis.* Ihm liegt der Gedanke des Werdens und Vergehens, des Endes und des Neuanfangs zugrunde: Vergangenes ist gewesen und wird als Zukünftiges wieder sein. Erinnerung ist Vergegenwärtigung des Vergangenen, das wieder kommen wird. Festtage sind in diesem Zeitverständnis Erinnerungstage, an denen Vergangenes gefeiert und damit für die Zukunft vergegenwärtigt wird. Festtage sind *Fest*-Tage, Haltepunkte im Lauf der Zeit, die es ermöglichen, *zur Besinnung zu kommen.*

Diesem zyklischen Zeitverständnis steht ein modernes *lineares Zeitverständnis* entgegen, in dem die Festtage und die an ihm erinnerten Inhalte immer mehr an Bedeutung verlieren. Mit der Erfindung mechanischer Uhren – zunächst auf Türmen, auch auf Türmchen auf Schuldächern, angebracht – fördert dieses Zeitverständnis die Normierung und Ökonomisierung von Zeit und bringt schließlich das Phänomen der und den Zwang zur Gleichzeitigkeit des Arbeitens und des Ruhens hervor. Der Feiertag wird darin zunächst zum absoluten Ruhetag für alle, dann erfordert zunehmende Differenzierung der Arbeit mehr und mehr die Abschaffung allgemeiner Ruhe- bzw. Feiertage. Die Diskussion um die Sonntagsarbeit und die Abschaffung kirchlicher Feiertage aus ökonomischer Perspektive ist in dieser Entwicklung nur ein weiterer Schritt.

Zwar lernen Kinder und Jugendliche nicht erst, wenn sie zur Schule kommen, dass sich unsere Welt über die Zeit organisiert, aber der herkömmliche Schulalltag mit seinem Unterricht im 45-Minuten-Takt, in dem Pünktlichkeit und die Einhaltung von Terminen gefordert werden, ist ein weiterer Schritt in diese Richtung. Die Einsicht Siegfried Bernfelds,[1] dass die *Schule als Institution erzieht*, trifft auch im Hinblick auf Zeitmanagement, Zeitgefühl und Zeitbewusstsein derer, die in der Institution Schule leben und arbeiten, zu. Da Zeitwahrnehmung sozial und kulturell vermittelt wird, verändert sie sich gegenwärtig in Folge der Beschleunigungstendenzen der Globalisierung in Richtung auf eine „Non-Stop-Zeiterfahrung": Zeit wird nur noch als geplante, kalkulierte, verplante Zeit wahrgenommen. Die Zeitrhythmen, in denen Menschen handeln und denken, werden kürzer und vielfältiger. Das Warten fällt nicht nur Schülerinnen und Schülern vor allem dann immer schwerer, wenn die Wartezeit nicht zeitlich vorstrukturiert ist. Darüber hinaus orientiert sich Zeitplanung nicht am Zeitgefühl von Kindern, sondern an den Bedürfnissen von Erwachsenen, Institutionen und vor allem an den Medien. Das Spiel und die Feier verlieren ihre traditionellen Ausdrucksmöglichkeiten und damit wird Orientierungslosigkeit gerade in den Abläufen erfahren, die Zeit ökonomisch verwertbar machen: Während eine Suchmaschine im Internet die seit der Industrialisierung im 19.Jh. belegbare Redewendung *Zeit ist Geld* mehr als 238.000 Mal im deutschsprachigen Internet findet, kommt das alte irische Sprichwort *Als Gott die Zeit schuf, hat er genug davon gemacht!* auf nicht mehr 166 Einträge.

Wenn die Schulpädagogik gegenwärtig auch in Folge zunehmender Einrichtung von Ganztagsschulen die Auflösung des 45-Minuten-Taktes, die Abschaffung der Stundenklingel und schließlich die erneute Rhythmisierung von Unterricht und Freizeitangeboten am *Lernort Schule* einfordert, wird deutlich, dass der Schulalltag auch unter den Zwängen eines veralteten bildungsökonomisch verordneten linearen Zeitmanagements leidet, das Lernen unter dem Zwang zur Gleichzeitigkeit erfordert. Die wohltuende Erfahrung des Rhythmus von Arbeit und Ruhe wird zu einem Teil des Selbstbildungsprozesses derer, die in der Schule leben, lehren und lernen.

---

1 Siegfried Bernfeld, Sisyphos oder die Grenzen der Erziehung, Frankfurt 1973.

Schulgottesdienste im Zusammenhang mit den Festen und Zeiten des Kirchenjahres können für diese erneute Rhythmisierung des Schulalltags einen wichtigen Beitrag leisten. Die anfangs angedeutete Schwierigkeit, wenn zyklisches Zeitverständnis auf das uns kulturell vermittelte, verordnete und geforderte lineare Zeitverständnis trifft, könnte dabei gerade für eine Didaktik des Schulgottesdienstes im Zusammenhang von Festen und Zeiten des Kirchenjahres von Nutzen sein.

Das Kirchenjahr – als Begriff übrigens eine genuin protestantische Erfindung des 16. Jahrhunderts – wird dabei in seinen pädagogischen Möglichkeiten begriffen: Waren es zunächst nur die kirchlichen Hauptfeste, die die Bedeutungen christlicher Inhalte reflektierten und vergegenwärtigten, wurde nach und nach jedem Sonntag des Kirchenjahres sein besonderes Proprium zugewiesen. Das Kirchenjahr ist damit nicht einmalig erdacht, sondern geschichtlich geworden. Also solches ist es kein *göttliches Gebot,* sondern es kann mit ihm in *evangelischer Freiheit* umgegangen werden. Es ist der Versuch, die Inhalte des Glaubens in eine immer wiederkehrende Vergegenwärtigung zu fassen. Es hat damit eine pädagogische Funktion für den Glaubenden, in erinnernder Wiederholung sich der Grundlagen des christlichen Glaubens zu vergewissern. Kirchenjahr und Inhalte des Glaubensbekenntnisses erschließen sich wechselseitig:

Das Kirchenjahr erzählt zum einen mit seinen Festzeiten und Festtagen die Geschichte Jesu von seiner Erwartung bis zu seinem Tod, seiner Auferstehung und der Sendung des Heiligen Geistes (HALBJAHR DES HERRN), die Geschichte der Kirche von ihrer Entstehung bis zu ihrem Ende und Ziel im Reich Gottes (HALBJAHR DER KIRCHE). Zum anderen thematisieren Feste und Zeiten des Kirchenjahres aber Grunderfahrungen und Empfindungen menschlichen Lebens: Freude, Hoffnung, Dankbarkeit, Liebe, Zuneigung, Trost, Trauer, Abschied nehmen, Ankommen, Fehler machen, Vergeben, Glück usw. Schulgottesdienste anlässlich von Festen und Zeiten des Kirchenjahres werden aus der Perspektive beider Aspekte zu gestalten sein. Dabei muss allerdings deutlich bleiben, was Schulgottesdienste grundsätzlich von schulischem Religionsunterricht unterscheidet: Es geht in ihnen nicht um Wissensvermittlung, sondern um die Inszenierung von menschlichen Erfahrungen mit Hilfe von Kernaussagen des christlichen Glaubens. Gerade diese Erfahrungen sollten aber am Lernort Schule *in Szene* gesetzt werden, damit Schulgottesdienste ihren Beitrag zur religiösen Bildung leisten können. Schulgottesdienste anlässlich von Festen und Zeiten des Kirchenjahres leisten damit auch einen Beitrag zu einer *Kultur des Erinnerns,* die in keinem Schulprogramm fehlen sollte.[2] Mit ihrem

---

2 Siehe dazu vor allem Astrid Greve, Erinnern lernen. Didaktische Entdeckungen in der jüdischen Kultur des Erinnerns (= Wege des Lernens 11), Neukirchen-Vluyn 1999 und

Versuch, Lernen im Modus von Wiederholung und Erinnerung zu gestalten, tragen Schulgottesdienste im Kirchenjahr damit auch zur *Entschleunigung von Bildungsprozessen* bei. Eine solche Entschleunigung erweist sich in Zeiten, in denen Schulzeitverkürzungen und Reduzierung von Bildung auf Wissen und Kompetenzen in Kernfächern ganz oben auf der Liste der Bildungsökonomie stehen, als dringend notwendig. Gerade das Feiern von Schulgottesdiensten ermöglicht, Bildungsprozesse des Menschen ganzheitlich wahrzunehmen. Zu diesen Bildungsprozessen gehören unabdingbar Antworten auf die Frage nach Sinn, die in einem auf die Aufnahme von Verfügungswissen reduzierten Bildungsverständnis nicht oder nur zum Teil vorkommen kann. Ein Beispiel dafür mag der Entwurf für einen Schulgottesdienst zum Erntedank sein, in dem naturwissenschaftliches Verfügungswissen und biblisches Orientierungswissen miteinander ins Gespräch gebracht werden.

Waltraud Hagemann/Elke Hirsch, Leben mit der Zukunft im Rücken. Juden und Christen erinnern sich, Düsseldorf 2003.

Sekundarstufe I

Advent: Türen

Leitgedanken

Der Gottesdienst wurde als ökumenischer Schulgottesdienst zum Advent von evangelischen und katholischen Lerngruppen des Gymnasiums Theodorianum in der Marktkirche Paderborn durchgeführt. Das Symbol *Tür* ist nicht nur durch das im neuen Evangelischen Gesangbuch (EG) wieder als Lied Nr. 1 abgedruckte Lied *Macht hoch die Tür* ein Symbol für die beginnende Adventszeit. Die Erlebnisse von Schülerinnen und Schülern im Umgang mit offenen, geschlossenen oder noch gar nicht vorhandenen Türen werden darüber hinaus zu Erfahrungen von Übergangsängsten, des Ausgeschlossenseins und Angenommenwerdens. Diese Erfahrungen werden in diesem Gottesdienstentwurf korreliert mit dem Gleichnis vom verlorenen Sohn (Lk 15,11ff): Für den verlorenen Sohn wird die bedingungslose Wiederaufnahme durch den Vaters zu einer Erfahrung des *Hauses der offenen Türen.*

ORGELVORSPIEL

BEGRÜSSUNG

Wir beginnen mit einem Lied, das von einem Priester und Lehrer verfasst wurde, der vor 370 Jahren an unserer Schule unterrichtet hat: Friedrich von Spee. Heute steht dieses Lied im Katholischen Gotteslob und im Evangelischen Gesangbuch:

LIED

O Heiland reiß die Himmel auf (EG 7,1.5.7)

PSALMGEBET IM WECHSEL

Psalm 24 in neuer Übertragung (EG 776)

MEDITATION

Die folgenden Texte sind von Schülerinnen und Schülern selbst gestaltet und vorgetragen. Dazu werden die entsprechenden Türen über OHP oder Beamer projiziert.

Schultür

Ich kann mich noch gut an den ersten Tag in dieser Schule erinnern. Ich bin mit großer Vorfreude durch unsere Schultür gegangen. Ich habe mich auf neue Mitschülerinnen und Mitschüler gefreut, auf neue Lehrerinnen und Lehrer, auf neue Fächer. Damals habe ich mich sogar auf Latein gefreut. Heute ist das anders. Wenn mir z.B. auf dem Schulweg eingefallen ist, dass ich eine Hausaufgabe vergessen habe. Oder wenn ich mich vor der Rückgabe einer Klassenarbeit fürchte ... Heute nach der letzten Stunde gehe ich besonders gern durch diese Tür – wenn es wieder nach Hause, nach draußen in die Ferien geht.

Direktorzimmer

Die Tür ist für mich etwas ganz besonderes. Selbst die Lehrer müssen hier höflich anklopfen. Einmal wurde ich zum Direktor gerufen, weil sich zwei Mitschüler geschlagen hatten. Er wollte mich als Zeugen hören. Erst hatte ich großes Herzklopfen. Aber der Direktor war gar nicht so streng. Er wollte z.B. von mir hören, wie man die beiden wieder dazu kriegen könnte, sich zu vertragen.

Tür zum Lehrerzimmer

Normalerweise dürfen wir vor dieser Tür nur draußen warten – bis unsere Lehrerin oder unser Lehrer herauskommen. Manchmal würden wir zu gerne wissen, was dahinter gesprochen wird. Besonders bei Zeugniskonferenzen. Einmal musste ich als Klassensprecher an einer Konferenz teilnehmen. Da kam ich mir sehr wichtig vor.

Neubau ohne Tür

In einem Haus ohne Türen möchte ich nicht wohnen. Als wir neu gebaut haben, machte es zwar Spaß, in dem Rohbau zu spielen. Aber man durfte nichts liegen lassen – sonst war's am nächsten Tag weg. Die Handwerker haben bald Nottüren eingebaut. Jetzt ist das Haus fertig. Wir Kinder haben alle einen eigenen Schlüssel. Das ist praktisch, wenn niemand da ist, der uns aufmachen kann.

Instrumentalsolo (Querflöte)

Spielszene

Die Schülerinnen und Schüler stellen ohne Worte dar, wie einer von ihnen ausgeschlossen wird. Sie fassen sich an den Händen und bilden einen geschlossenen Kreis. Der ausgeschlossene Schüler macht verschiedene vergebliche Versuche, in den Kreis hineinzugelangen. Er wendet sich schließlich ab, schlägt die Hände vor das Gesicht und sinkt zu Boden. Da löst sich einer aus dem Kreis, hilft dem anderen allmählich wieder auf. Als er sich gemeinsam mit ihm einreihen will, ist die Lücke geschlossen. Die beiden Ausgeschlossenen fassen sich an die Hände. Nach einiger Zeit löst sich ein dritter, ein vierter und sofort aus dem Ursprungskreis, bis ein neuer Kreis gebildet ist, zu dem alle gehören.

Lied

Macht hoch die Tür, die Tor macht weit (EG 1,1-3)

Gebet

Komm o mein Heiland Jesu Christ, meines Herzens
Tür dir offen ist.
Ach zieh mit deiner Gnade ein, dein Freundlichkeit
auch uns erschein.
Dein Heilger Geist uns führ und leit den Weg zur ewgen Seligkeit.
Den Namen dein, o Herr, sei ewig Preis und Ehr.

Biblische Erzählung

(Zur Vorlage der neu formulierten Erzählung vgl. neben Lukas 15,11-32 auch Dietrich Steinwede, Zu erzählen deine Herrlichkeit, Göttingen 1965, 172–175)

Jesus erzählte von einem Vater, der hatte Haus und Hof, viele Angestellte, dazu zwei Söhne. Die liebte er über alles. Der eine von ihnen, der jüngere, er wollte raus. Er wollte weg von zu Hause. „Vater" sagte er, „gib, was mir zusteht – sofort. Ich will weg." Der Vater zahlte, der Sohn ging. Er trat aus der Tür ohne zurückzuschauen. Er ging weit fort. Weit in der Fremde ließ er es sich eine Weile gut gehen. Eine ganze Zeit lang ging es ihm blendend. Er hatte ja Geld. Er konnte ja zahlen für alles, was mit Geld zu kaufen war. Doch eines Tages war das Geld verbraucht. Er hatte nichts mehr. Aber er hatte Hunger. Jetzt kriegte er nichts mehr. Da ging er zu einem, der Arbeit hatte. Der ließ ihn Schweine hüten. Doch zu essen bekam er auch hier nichts. Da wollte er Schweinefutter essen. Auch das bekam er nicht. Der Sohn hatte Wahnsinnshunger und er war furchtbar allein. Da dachte er wieder an zu Hause. An den Vater. An Haus und Hof. An alles, was er verlassen hatte. Ich Tor, dachte er. Wie konnte ich nur so töricht sein? Was habe ich getan!

Ich will heim! Da kehrte er um und lief nach Hause. So schnell er konnte, wanderte er heim. Ob der Vater mich rein lässt? Ach Gott ich will alles für ihn tun, wenn er mich nur nicht draußen stehen lässt. Der Vater sah ihn kommen. Schon von weitem konnte er ihn erkennen. Da lief er schnell nach draußen, dem Jungen entgegen. „Mein Sohn" – er fiel ihn um den Hals und küsste ihn. „Mein Vater" – der Sohn weinte. Dann gab der Vater Anweisungen: „Holt ihm neue Sachen! Wie sieht er aus – mein Sohn. Los, los, das Beste ist gerade gut genug! Holt zu essen und zu trinken! Es soll an nichts fehlen. Vergesst die Musik nicht! Los, wir feiern ein Fest! Ein tolles Fest, wie es noch nie da war! Ladet ein, wen ihr wollt! Denn mein Sohn war verloren. Jetzt ist er gefunden." Da kam der ältere Bruder von der Arbeit. Er hörte den Lärm vom Fest, die Musik, die vielen Stimmen, er roch den Braten. Er fragte: „Was geht hier vor!" – Sie sagten: „Dein Bruder ist wieder da." Er wurde wütend. Er wollte nicht mehr ins Haus. Nein, nicht mehr durch diese Tür solange der Kerl sich drinnen aufhält. Da kam der Vater heraus. „Mein Sohn – komm doch rein! Freu dich doch mit uns! Dein Bruder war verloren. Nun ist er wieder gefunden." Der ältere Sohn wurde noch wütender: „Vater – so viele Jahre bin ich hier geblieben, habe geschuftet und gerackert, nie hast du mit mir gefeiert, nie ein Fest für mich veranstaltet! Aber für den Nichtsnutz öffnest du Keller und Speisekammer, das ganze Haus … – Für den gibst du alles aus und für mich?" Der Vater sagte: „Mein lieber Sohn, du warst doch immer bei mir. Alles hier gehört doch dir. Dir steht jede Tür offen. Aber dein Bruder war draußen, weit draußen, ganz allein. Er war so gut wie tot. Jetzt hat er wieder heimgefunden. Jetzt lebt er wieder. Freust du dich gar nicht? Komm doch rein zu uns!"

LIED
Komm, sag es allen weiter (EG 225, 1-3)

FÜRBITTENGEBET UND VATERUNSER

SEGEN

ORGELNACHSPIEL

Sabine Grünschläger-Brenneke

Förderschule

Weihnachten: Wir stehen an der Krippe

Leitgedanken

Dieser Gottesdienst ist in einem Projekt des Religionsunterrichts an der Kämpenschule, einer Förderschule mit dem Förderschwerpunkt „geistige Entwicklung" und mit tatkräftiger Unterstützung der (damaligen) Vikarin Gabriele Weiss entstanden.

Die Gottesdienste dieser Schule folgen einer einfachen liturgischen Form und beziehen die ganze Schulgemeinde mit ein. Sie werden immer mit Schülerinnen und Schülern vorbereitet, die dann im Gottesdienst im Rahmen ihrer Möglichkeiten Aufgaben übernehmen. Diese reichen vom Sprechen kleiner Texte und Gebetssätze bis hin zur Figur im Standbild. Der Schulchor regt alle zum Mitsingen an. Insbesondere Begrüßung und Ansprache werden dialogisch mit der Gottesdienstgemeinde gestaltet. Da sich dieses Gespräch im folgenden Ablauf schwer darstellen lässt, soll an dieser Stelle auf die Möglichkeit hingewiesen werden.

Vorbereitung

Anhand der Krippenfiguren haben die Schülerinnen und Schüler die Weihnachtsgeschichte kennen gelernt und für den Gottesdienst große Figuren aus Pappe hergestellt. Dazu wurden ca. 1 m große Figuren mit einfachen Umrissen aus stabiler Pappe ausgeschnitten und von den Schülerinnen und Schülern mit Abtönfarbe bemalt. So entstanden Maria, Josef, die Weisen aus dem Morgenland, Hirten, Schafe und – ganz wichtig – ein Mensch von heute. Damit die Krippenfiguren auch stehen konnten, haben wir zwei ca. 60cm lange Holzlatten mit einem Scharnier verbunden.

Eine der beiden miteinander verbundenen Latten wurde dann mit Heißkleber auf der Rückseite der Pappfigur befestigt. Unsere Krippe war eine mit Stroh gefüllte, hölzerne Puppenwiege.[3]

Ablauf des Gottesdienstes

BEGRÜSSUNG UND EINGANGSWORTE
Wir begrüßen euch alle ganz herzlich in unserem Gottesdienst vor Weihnachten. Schön dass Ihr da seid.

Wir feiern Gottesdienst,
im Namen Gottes, der uns liebt und die Welt geschaffen hat;
im Namen Jesu, der unser Freund sein will,
und im Namen des Heiligen Geistes, der die Kraft ist, die unser Leben trägt.
Amen.

HINFÜHRUNG
Bald ist Weihnachten. In der ganzen Adventszeit haben wir darauf gewartet, dass es endlich so weit ist. Und wir haben uns vorbereitet: Geschenke gebastelt, Weihnachtslieder gelernt und Wunschzettel geschrieben. Vielleicht habe ihr zu Hause auch schon den Weihnachtsbaumschmuck ausgepackt und nachgeschaut, ob alle Christbaumkugeln noch heile sind und die Lämpchen der Lichterkette noch leuchten. Ich habe auch schon meine Schachtel mit den Krippenfiguren hervorgeholt.

Die Krippenfiguren erzählen uns die Geschichte von Jesu Geburt. Im Religionsunterricht haben wir uns mit diesen Figuren näher beschäftigt. Heute im Gottesdienst werden wir euch mit unseren Krippenfiguren bekannt machen.

Zu jeder Strophe des folgenden Liedes wird von einem Schüler oder einer Schülerin eine Kerze des Adventskranzes entzündet. Die Anzahl der Strophen richtet sich nach dem Zeitpunkt der Feier des Gottesdienstes.

LIED
Wir sagen euch an den lieben Advent (EG 17)

---

3 Eine ausführliche Beschreibung zu aufstellbaren Großfiguren findet sich in: Brigitte Messerschmidt/Dieter Witt (Hg.), Wie ein Netz voller Fische. Ein bunter Kreativmarkt mit Vorschlägen zum Basteln, Gestalten und Erzählen, Leinfelden-Echterdingen/Stuttgart 2003, 41f.

Zwischen den Strophen der modernen Psalmübertragung wird die erste Strophe des Liedes „Seht, die gute Zeit ist nah" (EG 18) gesungen.

Bald ist Weihnachten.

Wir freuen uns, denn wir hören:
Ein Kind ist für uns geboren,
ein Freund wird uns gegeben.
So kommt Gott ganz nah zu uns.

Seht, die gute Zeit ist nah …

Alle dürfen zu diesem Kind kommen,
Große und Kleine, Arme und Reiche, Gesunde und Kranke.
Gott macht keine Unterschiede.

Seht, die gute Zeit ist nah …

Menschen, die traurig sind, können wieder lachen.
Menschen, die allein sind, fühlen sich nicht mehr einsam.
Menschen, die verzweifelt sind, können wieder hoffen.

Seht, die gute Zeit ist nah …

SPRECHSZENE

Die Krippenfiguren erzählen

Nacheinander stellen die Schülerinnen und Schüler ihre selbst gestalteten Großfiguren aus Pappe auf. Zwischendurch wird das Lied „Mache dich auf und werde licht!"(EG 537) oder ein anderer passender Liedvers gesungen.

Die Figur der Maria wird aufgestellt.

Ich bin Maria. Eine junge Frau aus Nazareth. Neulich geschah etwas Seltsames. Es war ein ganz normaler Tag und ich habe getan, was ich immer tue. Plötzlich stand ein Engel vor mir. Er sagte: „Maria, du bist etwas ganz Besonderes. Du wirst den Sohn Gottes zur Welt bringen. Du sollst ihn Jesus nennen." Ich habe mich gefreut. Ich hatte aber auch Angst. Was würde Josef sagen?

Die Figur des Josef wird aufgestellt.

Ich bin Josef. Ich bin mit Maria verlobt. Als ich hörte, dass sie schwanger war, war ich sehr erschrocken. In der Nacht darauf erschien mir ein Engel Gottes. Er sagte: „Josef, Maria trägt den Sohn Gottes im Bauch. Da wusste ich: Ich werde bei Maria bleiben. Wir werden dieses Kind gemeinsam aufziehen."

Mache dich auf und werde licht (3x);
denn dein Licht kommt!

Die Figur eines Hirten wird aufgestellt.

Ich bin einer der Hirten. Wir hüten Schafherden bei Bethlehem. Das ist gefährlich und anstrengend. Wir leben immer draußen und riechen immer nach den Tieren. Die Leute mögen uns nicht. Doch dann geschah etwas ganz Wunderbares. Davon will ich euch erzählen: Es war mitten in der Nacht. Plötzlich wurde es gleißend hell. Wir konnten kaum hinschauen und haben uns sehr erschrocken. Doch dann trat ein Engel zu uns und sagte: „Fürchtet euch nicht. Ich verkündige euch große Freude. Heute ist der Heiland geboren. Ihr werdet das Kind finden. Es liegt in einer Krippe und ist in Windeln gewickelt."

Was für eine Nacht! Wir sind losgezogen und haben tatsächlich das Kind gefunden. Es hieß Jesus. Als wir das Kind anschauten wussten wir plötzlich: Gott hat uns lieb. So wie wir sind.

Die Figuren von Schafen werden aufgestellt.

Wir sind die Schafe. Wir wollen euch daran erinnern, dass auch Tier bei Jesus an der Krippe waren. Vergesst nicht, dass wir Tiere auch von Gott geschaffen wurden. Wir sind an der Krippe genauso wichtig wie ihr Menschen.

LIED

Mache dich auf und werde licht (3x);
denn dein Licht kommt!

Die Figuren von zwei Weisen aus dem Morgenland werden aufgestellt.

Wir sind die sternkundigen Männer aus dem Morgenland. Uns hat der Stern den Weg zum Kind gezeigt. Wir hatten einen weiten Weg, aber die Suche hat sich gelohnt.

Die Figur von einem dunkelhäutigen Weisen wird aufgestellt.

Ich bin der Dritte der sternkundigen Männer. Meine Haut ist schwarz. Ich stehe hier bei dem Kind Jesus, wie die anderen Menschen auch. An mir könnt ihr sehen: Gott macht keine Unterschiede zwischen den Menschen. Egal aus welchem Land sie kommen oder welche Hautfarbe sie haben. Gott liebt mich und dich.

LIED

Mache dich auf und werde licht (3x);
denn dein Licht kommt!

Die Figur eines Menschen von heute wird aufgestellt.

Ich bin ein Mensch, der heute lebt. Du fragst dich, was ich hier mache? Ich zeige euch, dass jeder Mensch zu Jesus kommen darf. Nicht nur damals, sondern auch heute. Wir können ihm erzählen, was uns froh und was uns traurig macht. Seit Jesus geboren ist, wissen wir: Gott hat uns alle unendlich lieb.

ANSPRACHE UND GESPRÄCH

In einer kurzen Ansprache und Gespräch kann mit den Kindern noch einmal auf das Gesehene und Gehörte eingegangen und die Aussage des „Menschen von heute" vertieft werden. Die Krippenfiguren erinnern uns an den Grund, aus dem wir jedes Jahr Weihnachten feiern.

FÜRBITTENGEBET MIT LIEDRUF

Während das Lied „Ich bring dir ein Licht" (Mikado 43) gesungen wird, bringen einzelne Schülerinnen und Schüler Kerzen (z.B. Teelichter in einem Glas) nach vorn zur Krippe.

Guter Gott,
du kommst zu uns in einem kleinen Kind.
Du begegnest uns mit warmer Liebe und offenen Armen.

Wir bitten dich für uns Menschen,
lass unsere Herzenstür für dich offen sein,
damit wir deine Liebe spüren können.

Ich bring dir ein Licht in der Dunkelheit,
das soll dir leuchten allezeit.

Wir bitten dich für die Menschen,
die traurig sind,
schicke ihnen Menschen und Gedanken,
die sie trösten und wieder zum Lachen bringen.

Ich bring dir ein Licht in der Dunkelheit,
das soll dir leuchten allezeit.

Wir bitten dich für die Menschen,
die Hunger haben,
schicke ihnen Menschen, die mit ihnen teilen.

Ich bring dir ein Licht in der Dunkelheit,
das soll dir leuchten allezeit.

Wir bitten dich für die Menschen,
die mürrisch und ärgerlich sind,
schicke ihnen Menschen, die ihnen helfen ihre Wut los zu werden.

Ich bring dir ein Licht in der Dunkelheit,
das soll dir leuchten allezeit.

Wir beten gemeinsam:
Vater unser im Himmel...

SEGEN

Gott segne dich und behüte dich,
Gott lasse sein Angesicht über dir leuchten und sei dir gnädig,
Gott erhebe sein Angesicht über dich und gebe dir Frieden.

LIED

We wish you a merry Christmas[4]

Als Erinnerungsgeschenk können den Kindern Weihnachtsbaum-anhänger in Form einer Krippe (aus braunem Fotokarton ausge-schnitten und mit Stroh beklebt) mitgegeben werden.

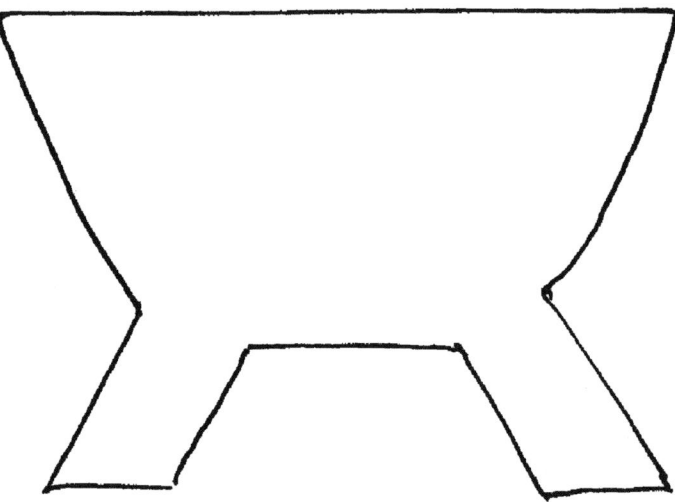

Vorlage für einen Weihnachtsbaumanhänger

---

4 Noten und Text in englischer und deutscher Sprache unter: www.thueringer-komponisten.de/
chornoten/chornotenhaupt/noten_gemischt/wirwuen.pdf.

Sekundarstufe I/II

Passion: Jesus im Lebensbaum

Leitgedanken

Dieser Gottesdienst wurde mit einer Gruppe von Schülerinnen und Schülern der 11. Jahrgangsstufe vorbereitet. Zielgruppe ist die Jahrgangsstufe 10–13. Den Ausgangspunkt nahm die Vorbereitung bei einer Bildbetrachtung: Das mittelalterliche Bild eines unbekannten Künstlers (in: Erhard Domay (Hg.), Gottesdienstpraxis, Serie B, Passion, Gütersloh 1996, 144) zeigt Jesus in einem Baum. Im Baum hängen Folterwerkzeuge und Symbole seines Passionsweges.

Das Bild gehört zu der Gruppe der so genannten *Arma Christi Bildern,* auf denen die Passionswerkzeuge bzw. Leidenswerkzeuge (lat. Arma Christi = Waffen Christi) dargestellt sind und damit symbolisch den Betrachter den Leidensweg Jesu reflektieren lassen. Als Holzschnitte und Andachtsbilder in Gebetsbüchern oder auf Hungertüchern stellen sie eine Möglichkeit der Meditation der Passion Jesu da.

Vorbereitung

Nach einer spontanen Bildbetrachtung im Religionsunterricht wurden die Gegenstände im Bild farblich markiert und Stationen der Passionsgeschichte mit ihnen in Verbindung gebracht. Diese Assoziationen wurden mit einer Lektüre der Passionsgeschichte nach Markus (Mk 14f) vertieft. Die Gegenstände wurden einzelnen Abschnitten und Personen des Passionsweges zugeordnet. Daraus entstanden die kurzen Sprechstücke im Gottesdienst.

Die Schülerinnen und Schüler entdeckten, dass Brot und Wein des Abendmahls als Symbole des Passionsweges fehlen. Daraus entstand der Gedanke, eine Morgenandacht mit Abendmahlsfeier in der Schule zu gestalten.

Der Gottesdienst ist als Morgenandacht für eine kleine Gruppe von Schülerinnen und Schülern in einem übergroßen Klassenraum gestaltet. Die Stühle sind in einer U-Form um eine meditative Mitte mit einem schlichten Holzkreuz angeordnet und lassen den Blick auf eine Projektionswand frei, auf der das Arma Christi Bild projiziert wird. In der Mitte liegt in einem Korb eine Sammlung der Gegenstände, die auf dem Bild zu sehen sind und zusätzlich von den Schülerinnen und Schülern in der Passionsgeschichte des Markus entdeckt wurden (Ölfläschchen, Geldbeutel), außerdem ein Korb mit Brot und ein Abendmahlskelch mit Traubensaft.

Ablauf des Gottesdienstes

MUSIK

LIED

Ich lobe meinen Gott, der aus der Tiefe mich holt (EG 673)

EINGANGSWORTE

Wir sind hier zusammen
im Namen Gottes, der uns allen das Leben geschenkt hat,
im Namen Jesu, der den Weg des Leidens und Sterbens ging,
im Namen des heiligen Geistes, der uns als Christinnen
und Christen begleitet. Amen.

GEBET

Wir wollen beten:

Lieber Vater im Himmel,
wir sind heute gemeinsam hier als Christinnen und Christen.
Wir wollen gemeinsam Gottesdienst feiern und dabei alle
unsere Sinne gebrauchen.

Wir *sehen* in der Woche viel:
Menschen, die glücklich sind, und Menschen,
denen es schlecht geht.
In diesem Gottesdienst wollen wir auf Jesus sehen und erkennen,
was mit ihm geschehen ist.

Wir *hören* in der Woche viel:
Worte, die uns gut tun, und Nachrichten, die uns Angst machen.
In diesem Gottesdienst wollen wir darauf hören, was du uns zu
sagen hast.

Wir *tun* in der Woche viel:
Dinge, die wichtig sind und anderen helfen,
und Sachen, die anderen Menschen schaden.
In diesem Gottesdienst wollen wir entdecken,
was wir in deinem Namen tun können. Amen.

Lied

Heilig, heilig, Herr Gott Zebaoth (EG 583, als Kanon)

Sprechszene

Die folgenden Texte werden von mehreren Sprecherinnen und Sprechern vorgetragen.

Wenn Dinge sprechen könnten…

Liebe Mitschülerinnen und Mitschüler,
liebe Lehrerinnen und Lehrer,

stellt euch einmal vor:

Die Gegenstände und Dinge, mit denen wir Tag für Tag umgehen, fangen auf einmal an zu sprechen. Und sie erzählen, was sie mit uns erlebt haben, gute Erinnerungen und schlechte Erfahrungen erzählen sie.

Überlegt einmal: Jeder Gegenstand erzählt von einer Begegnung mit uns. Ein Stuhl erzählt von uns, oder das Heft, in das wir in der Schule schreiben. Oder unser Auto kann plötzlich sprechen und erzählt von uns.

In jedem Gegenstand steckt eine kleine Geschichte.
Jeder von uns hat solche Gegenstände, die ihm etwas erzählen.
Ein Ring am Finger erzählt vielleicht von einer Liebesgeschichte.
Ein Bild an der Wand berichtet von einem wunderschönen Urlaub.
Ein Stein im Regal erzählt von einem Spaziergang am Meer.
Oder ein Kuscheltier weiß von den vielen Tränen, die man geweint hat. Welche Gegenstände würden uns von Jesus erzählen?

Der Tageslichtprojektor zeigt das Bild.

Wir möchten euch bitten, das Bild zu betrachten.

Ein unbekannter Künstler aus dem Mittelalter hat dieses Bild gemalt. Es zeigt Jesus. Er trägt nur einen Lendenschurz. Er ist so gekleidet, wie man ihn gekreuzigt hat.

Jesus sitzt in einem Baum. In dessen Zweige hängen verschiedene Geräte und Gegenstände. Wir entdecken eine Peitsche, eine Leiter, eine Lampe und drei Nägel, ein Hammer und drei Würfel, ein Seil, eine Lanze, eine Stange mit einem Schwamm, ein Hahn und ein Bündel Reisig.

Alle diese Gegenstände haben mit dem Weg Jesu zu tun, den er gegangen ist, als man ihn gefangen genommen hatte und kreuzigen wollte.

Andere Menschen haben diese Gegenstände benutzt, um etwas mit Jesus auf seinem Weg ans Kreuz zu tun. Diese Gegenstände können erzählen, was diese Menschen mit Jesus erlebt haben.

Lied
Selig seid ihr (EG 666)

Sprechszene
Im Folgenden nehmen die Sprecherinnen und Sprecher jeweils einen Gegenstand aus dem Korb und legen oder hängen ihn an das Holzkreuz.

Begegnungen auf dem Weg ans Kreuz …

Jesus war mit seinen Freunden und Freundinnen zum Passahfest nach Jerusalem gekommen. Sie wollten am Fest, das die Juden zur Erinnerung an die Befreiung aus der ägyptischen Sklaverei feiern, gemeinsam in Jerusalem sein. Vor den Toren Jerusalems liegt das Dorf Bethanien. Dort übernachtete Jesus im Haus seines Freundes Simon, des Aussätzigen.

Ich bin *Maria*. In meiner Hand halte ich eine *Flasche teures Öl.* Als Jesus im Haus Simons war, kam ich dorthin. Ich zerbrach die Flasche mit kostbarem Öl und goss es auf seinen Kopf.

Manche waren erbost und fragten sich, was diese Vergeudung des Öls solle. Man hätte das Öl auch für teures Geld verkaufen können und das Geld den Armen spenden können. Jesus aber nahm mich in Schutz. Er sagte, dass ich ein gutes Werk getan habe. Denn arme Leute gibt es immer, er aber ist nur noch kurze Zeit da. Er meinte, dass ich seinen Leib im Voraus für sein Begräbnis gesalbt hätte. Und überall, wo von ihm erzählt wird, wird man sich später auch an das erinnern, was ich getan habe.

Der Hohepriester und die Pharisäer waren Feinde Jesu. Sie hörten nicht gern, was er über Gott sagte. Sie suchten jemanden, der ihnen Jesus verriet.

Ich bin *Judas*. In meiner Hand halte ich einen *Geldbeutel* mit dreißig Silberstücken. Dies Geld habe ich vom Hohenpriester und den Schriftgelehrten bekommen, damit ich Jesus verrate. Denn sie wollen Jesus nicht am Passahfest festnehmen, da sie Angst haben, es könne ein Aufruhr entstehen. Also suche ich eine passende Gelegenheit, um Jesus zu verraten.

Nachdem Jesus mit seinen Freunden das Passahmahl gefeiert hat, geht er mit ihnen in einen Garten vor den Toren der Stadt Jerusalem. Dieser Garten heißt Gethsemane. Dort betet Jesus allein.

Ich bin ein *Soldat*. In meiner Hand halte ich einen *Strick,* den wir Soldaten benutzt haben, um Jesus gefangen zu nehmen. Wir kamen in den Garten Gethsemane. Es war dunkel, wir hatten eine *Lampe* dabei. Der Verräter Judas hatte uns ein Zeichen genannt und gesagt: „Wen ich küssen werde, der ist es; den ergreift und führt ihn sicher ab". Und als Judas in den Garten kam, trat er zu Jesus und küsste ihn. Wir aber legten Hand an ihn und fesselten ihn.

Nachdem Jesus gefangen genommen worden war, wurde er von den Soldaten in das Haus des Hohenpriesters gebracht. Während er dort vor dem Hohen Rat vernommen wurde, saß sein Freund Petrus im Hof bei den Knechten und Mägden.

Ich bin *Petrus*. Mein Zeichen ist der *Hahn*. Einen Tag bevor Jesus gefangen wurde, sind wir zum Garten Gethsemane gegangen. Jesus sprach davon, dass in dieser Nacht einer von uns ihn verleugnen würde, ehe der Hahn zweimal kräht. Alle haben wir geschworen, es nicht zu tun!

Als Jesus dann gefangen war, bin ich hinter den Soldaten in den Hof gegangen und habe mich an einem Feuer gewärmt. Dort standen Mägde. Sie meinte, ich gehöre zu Jesus. Aber ich widersprach ihnen und sagte: „Nein, das stimmt nicht." Plötzlich krähte der Hahn. Ich war entsetzt. Die Magd sagte: „Du gehörst doch auch zu diesem Jesus!" Aber ich leugnete alles ab. Nach einiger Zeit fing sie wieder an und ich schluchzte und stotterte: „Ich kenne diesen Mann nicht!" Und da krähte der Hahn zum zweiten Mal in dieser Nacht und ich hatte meinen Herrn tatsächlich dreimal verleugnet!

Während dies geschah, verhandelte der Hohe Rat drinnen im Haus über Jesus.

Ich bin auch ein *Soldat*. In meiner Hand halte ich eine *Geißel*. Nachdem Jesus vom Hohen Rat der Gotteslästerung bezichtigt worden ist, habe ich ihn mit diesem Folterinstrument geschlagen.

Jesus wurde zum Statthalter Pontius Pilatus gebracht.

Ich bin ein *Soldat*. Nachdem Jesus bei Pilatus war, verspotteten wir ihn, wir zogen ihm einen roten Mantel an. Wir setzen ihm diese *Dornenkrone* auf den Kopf und fingen skrupellos an, ihn zu verspotten. Wir spuckten ihn an und schlugen ihn mit einem *Stock*.

Auch ich bin einer der *Soldaten,* die Jesus zur Hinrichtungsstätte Golgatha gebracht haben. Mit *Nägeln* schlugen wir ihn ans Kreuz und mit diesen *Würfeln* haben wir um seine Kleider gespielt.

Jesus schrie laut auf und sagte: „Warum hast du, Gott, mich verlassen?"

Ich stand dabei und füllte einen *Schwamm mit Essig* und steckte ihn auf ein *Rohr.* Und ich gab ihm zu trinken. Jesus aber schrie laut auf und starb. Der Vorhang im Tempel zerriss. Unser Hauptmann, der unter dem Kreuz stand, behauptete: „Wahrlich, dieser Jesus ist Gottes Sohn gewesen."

Später am Tag ging ein Mann zum Palast des Statthalters Pontius Pilatus.

Dieser Mann bin ich, *Josef von Arimathäa.* Ich bin ein Mitglied des Hohen Rates. Ich hörte davon, dass Jesus gekreuzigt worden war. Daraufhin ging ich zu Pilatus und bat ihn, mir den Leichnam Jesu auszuhändigen. Pilatus wunderte sich, dass Jesus schon tot sei. Dann gab er den Leichnam frei.

Ich kaufte solch ein *Leinentuch,* um Jesus darin einzuwickeln. Wir stiegen auf eine *Leiter* und nahmen Jesus vom Kreuz. Ich brachte seinen Leichnam in mein eigenes Felsengrab und legte einen schweren Stein vor das Grab.

Lied

Holz auf Jesu Schulter (EG 97)

Ansprache

Liebe Schülerinnen und Schüler, liebe Lehrerinnen und Lehrer,

wenn Dinge reden könnten, hätten sie uns viel zu erzählen. Auch diese Dinge hier könnten reden, jene Gegenstände, die jetzt unter dem Kreuz in unserer Mitte liegen oder an ihm hängen. Nur wenige, eigentlich nur zwei Gegenstände erzählen davon, dass Menschen Jesus auf seinem Weg etwas Gutes getan haben: das wohlriechende Öl, mit dem die Frau Jesus salbte, und das Leinentuch, das Leichentuch, mit dem Josef von Arimathäa Jesu Leichnam einhüllte und ihm damit eine letzte Wohltat erweist. Dazwischen sind es Menschen, die Jesus wehtun, ihm sichtbar Schmerzen bereiten, schwerer noch mit Worten, die verletzen. Zeichen der Feindschaft und des Spotts, der Treulosigkeit und der Habgier sind zu sehen: Geldbeutel und Strick, roter Umhang und Dornenkrone, der Hahn und die Würfel der Soldaten. Bliebe es bei diesen Zeichen des Hasses und der Gewalt, dann sollten wir die Geschichte des Lebens Jesu schnell vergessen, weil sie nur wie ein Spiegel sind, in dem wir erkennen, wie unmenschlich Menschen sein können. Dazu brauchten wir eigentlich nicht die Bibel aufzuschlagen, sondern dazu reichten Tageszeitung und das Fernsehen aus.

Aber mitten in dieser Geschichte aus Hass, Gewalt und Gleichgültigkeit beginnt eine neue Geschichte. Mitten auf dem Weg Jesu ans Kreuz findet eine Begegnung statt, von der wir euch nicht erzählt haben und deren Zeichen auf dem Bild fehlen, das wir sehen: Brot und Wein!

Es ist der Abend, an dem Jesus mit seinen Freunden und Freundinnen das letzte Mal zusammen ist. Es ist der Abend, an dem die Juden eine Fest der Erinnerung feiern, einer Fest der Erinnerung an die Befreiung aus der Sklaverei in Ägypten. Zeichenhaft wird dabei noch einmal all das gegessen, was die Israeliten vor vielen hundert Jahren bei sich hatten, als sie aus Ägypten flohen: ungesäuertes Fladenbrot, bittere Kräuter, Wein und auch das Lamm, mit dessen Blut man die Pfosten der Türen bestrich als Zeichen dafür: Hier leben Menschen, denen Gott wichtig ist!

Jesus setzt die Zeichen neu! Brot und Wein werden ihm zu Zeichen der Erinnerung an ihn, Brot und Wein werden zu Lebenszeichen Jesu – auch über seinen Tod hinaus. Jesus teilt das Brot, reicht den Becher mit Wein herum. Er setzt damit Erinnerungszeichen an ihn. Wer Brot und Wein teilt, gehört zu Jesus und erinnert sich an ihn.

Von diesen Lebenszeichen Jesu ist keiner ausgeschlossen. Selbst derjenige, der Jesus verrät, und der, der ihn verleugnet, nehmen am Abendmahl teil. Brot und Wein ist Zeichen der Vergebung und der Versöhnung von Menschen untereinander und mit Gott.

In unserem Vorbereitungskreis hatten wir deshalb den Gedanken, heute miteinander Abendmahl zu feiern. Jeder und jeder ist herzlich willkommen. Amen.

LIED

Kommt, sagt es allen weiter (EG 225)

ABENDMAHLSFEIER

LIED

Korn, das in die Erde, in den Tod versinkt (EG 98)

SEGENSWORTE

Thilo Holzmüller/Rosemarie Pohlenz

Sekundarstufe I/II

Pfingsten: Gottes Geist bringt in Bewegung

Leitgedanken

Im Unterschied zum Weihnachts- und Osterfest ist der biblisch-theologische Hintergrund des Pfingstfestes den meisten Kindern und Jugendlichen unbekannt. Der Gottesdienst versucht, Grundzüge der biblischen Erzählung vom Pfingstwunder in Jerusalem (Apg 2,1–18) mit verschiedenen Mitteln zu vergegenwärtigen und erfahrbar zu machen. Vorbereitet und gestaltet wurde dieser Gottesdienst mit den evangelischen Schülerinnen und Schülern eines katholischen Gymnasiums.

Vorbereitung

Zunächst muss eine CD mit den Geräuschen für die Vergegenwärtigung der Pfingstgeschichte erstellt werden:

- Aufspielen von *Sturm-Geräuschen* und dem *Geräusch eines knisternden Feuers* von einer Geräusche-CD, z.B.: Sound Effects for Movies and Videos 1, Digimode Ltd 1995, SP 11002, No. 18 Storm with thunder and wind gusts/ Sound Effects for Movies and Videos 6, Digimode Ltd 1995, SP 11052, No. 57 (Fire).
- Für die *Sprachverwirrung* werden nacheinander Stimmen einzelner Schülerinnen und Schüler aufgenommen und dann am PC akustisch überlagert. Dies kann sehr gut von älteren Schülerinnen und Schülern erledigt werden.

Weiterhin werden zwei Stoffbahnen, je etwa 4–5 m lang, aus Satin oder Futterstoff, eine in Hellblau, zur Darstellung des Sturmes, und eine in einem kräftigen Gelb, zur Darstellung des Feuers benötigt.

Ablauf des Gottesdienstes

MUSIK ZUM EINGANG

BEGRÜSSUNG

Herzlich willkommen in diesem Gottesdienst zum Pfingstfest!

Heute Morgen betreten wir Neuland in der Tradition der Gottesdienste an eurer Schule. Gottesdienste zu Weihnachten und zu Ostern, aber auch zur Einschulung und zum Abitur sind euch zum Teil seit Jahren gut vertraut. Ein Gottesdienst zu Pfingsten jedoch – das ist etwas Neues und Besonderes!

Viele von euch haben diesen Gottesdienst mit vorbereitet und werden auch mit eigenen Beiträgen in ihm mitwirken. Darüber freue ich mich sehr. Denn die Bewegung, die bei der Vorbereitung des Gottesdienstes in euren Religionsunterricht gekommen ist, und die Vielzahl der Stimmen, die wir hören werden, passen schon sehr gut zu der Erzählung vom Pfingstwunder in Jerusalem. Vor gut 2000 Jahren ist dort Gottes Geist wie ein Ruck in die ängstlichen und resignierten Jünger gefahren und hat sie so sehr in Bewegung gebracht, dass sie vielen Menschen das Evangelium von Jesus Christus verkündigt haben. Das Pfingstwunder in Jerusalem ist die Geburtsstunde der christlichen Kirche, und der mächtige Impuls von damals wirkt weiter bis in die Gegenwart, bis in die Vorbereitung und Feier auch dieses Gottesdienstes hinein.

EINGANGSWORTE

Im Namen des Vaters,
der durch seinen Atem den Menschen das Leben einhaucht,
und des Sohnes,
in dem Gottes Liebe zu uns menschliche Gestalt gewinnt,
und des Heiligen Geistes,
der Menschen bewegt und einander verstehen lässt.

LIED

Alle Knospen springen auf (Kindergesangbuch 78)

SPRECHSZENE

S 1: Sag mal, Pfingsten – was ist das eigentlich für ein Fest? Der Pfarrer hat eben von einem Pfingstwunder gesprochen. Hat Pfingsten denn etwas mit Jesus zu tun? Oder mit seinen Jüngern?

S 2: Irgendwie schon. Aber nicht direkt mit Jesus. Eher mit seinen Jüngern, und mit allen, die ihm nachgefolgt waren. Und mit dem Heiligen Geist. Zu Pfingsten erinnern wir uns daran, dass der Heilige Geist immer unter uns ist.

S 1: Im Ernst? Das glaub ich nicht. An Jesus kann ich gut glauben: Über ihn wissen wir ja viel aus der Bibel. Aber an den Heiligen Geist?

S 2: Wir wissen auch etwas über den Heiligen Geist. Schon als Jesus von Johannes im Jordan getauft wurde, da ist der Heilige Geist in Gestalt einer Taube erschienen. Ohne den Heiligen Geist wäre Jesus sicher nicht so *begeistert* gewesen von seiner Sache.

S 1: Weil *Geist* in dem Wort *Begeisterung* steckt?

S 2: Schätz' ich mal. Der Heilige Geist ist immer da, wenn du dich begeistern lässt oder wenn du jemand anderen begeisterst.

S 1: O.k. Das leuchtet mir ein. – Aber was hat das jetzt mit Pfingsten zu tun?

S 2: An Pfingsten ist der Heilige Geist zu Jesu Jüngern gekommen. Sie haben sich begeistern lassen und dadurch ihre Angst und Verzweiflung überwunden.

S 1: Und wenn wir uns begeistern …

S 2: … dann ist der Heilige Geist auch in uns. Dann können wir die Freundschaft Gottes erleben. Gott verschenkt sich an die Menschen. Das ist der Heilige Geist.

S 1: Dann ist der Heilige Geist öfter unter uns als wir glauben.

PSALMGEBET

nach Psalm 103

oder eine Übertragung des Psalms, z.B. in: Peter Spangenberg, Höre meine Stimme. Die 150 Psalmen der Bibel übertragen in die Sprache unserer Zeit, Hamburg 1995.

LIED

Der Himmel geht über allen auf (EG 611)

SPRECHSZENE

Die Pfingstgeschichte – Vergegenwärtigung in drei Schritten

Die Texte der Pfingstgeschichte werden in der Übersetzung der Guten Nachricht gelesen.

1. Schritt: Ratlosigkeit der Jünger nach der Himmelfahrt Jesu

Spr.: Als das Pfingstfest kam, waren wieder alle, die zu Jesus hielten, versammelt.

S 1: Nun ist die Zeit mit Jesus von Nazareth endgültig vorbei, und wir sitzen wieder alleine da.

S 2: Ja, und das ist nun schon das zweite Mal. Als er gekreuzigt und begraben worden war, fühlten wir uns auch schon so verlassen. Und dann hatten wir auch noch Angst, dass man uns als seine Anhänger genauso hinrichten könnte wie ihn. Kaum aus dem Haus getraut haben wir uns!

S 3: Der Unterschied zu vorher, als er noch bei uns lebte, war krass. Von ihm hatten wir uns akzeptiert gefühlt, obwohl wir doch nur arme Fischer waren.

S 4: Sogar ich als Zöllner wurde in eure Gemeinschaft aufgenommen.

S 5: So große Hoffnungen hatten wir in ihn gesetzt. Wir dachten, er sei der Messias. Alles sollte sich durch ihn ändern, alles sollte sich umkehren: Blinde sollten sehen und Lahme gehen, Aussätzige sollten rein werden und Armut und Unterdrückung sollten aufhören. – Das Reich Gottes sollte er uns bringen.

S 1: Als er dann auferstand, da dachten wir alle, es würde nun losgehen mit dem Reich Gottes. Aber das war ja wohl nichts. Nun ist er endgültig verschwunden.

S 2: Was habt ihr jetzt vor?

S 3: Mir bleibt wohl nichts anderes übrig, als wieder in mein Dorf zu gehen und mein Geld mit Fischen zu verdienen.

S 4: Mein Lebenstraum ist zerplatzt wie eine Seifenblase. Es wird wieder keiner mit mir reden, ich werde wieder isoliert sein wie früher. Keiner will etwas mit mir zu tun haben, bloß weil ich ein Zöllner war.

S 5: Damit hat sich wohl auch unsere Gemeinschaft erledigt. – Umsonst war alles, vergeblich unsere Hoffnung und unsere Predigt. Aber was ist das? Was höre ich da?

2. Schritt: Die Pfingstgeschichte – sichtbar und hörbar gemacht

Spr.: Plötzlich gab es ein mächtiges Rauschen, wie wenn ein Sturm vom Himmel herabweht. Das Rauschen erfüllte das ganze Haus, in dem sie waren.

Über CD/CD-Player werden Windgeräusche eingespielt; währenddessen treten zwei Schüler mit einem hellblauen Tuch nach vorne und bewegen es heftig hin und her, so dass das Rauschen des Windes nachgeahmt wird.

In diesen Geräusch- und Bewegungshintergrund hinein werden Assoziationen zu „Wind" gesprochen:

WIND: laues Lüftchen – Urlaub – Säuseln – Wärme – Sturm – Gefahr – Zerstörung

[Pause]

Spr.: Dann sahen sie etwas wie Feuer, das sich zerteilte, und auf jeden ließ sich eine Flammenzunge nieder.

Über CD/CD-Player werden Geräusche eines lodernden Feuers eingespielt; währenddessen geht eine rot gekleidete Schülerin mit tänzerischen Bewegungen durch den Mittelgang nach Vorne; dabei bewegt sie ein gelbe Stoffbahn um sich herum, um ein loderndes Feuer zu symbolisieren.

In diesen Geräusch- und Bewegungshintergrund hinein werden Assoziationen zu „Feuer" gesprochen:

FEUER: Wärme – Schutz – Nahrung – Gemütlichkeit – Feuersturm – Verbrennen – Leben – Tod

[Pause]

Spr.: Alle wurden vom Geist Gottes erfüllt und begannen in anderen Sprachen zu reden, jeder und jede, wie es ihnen der Geist Gottes eingab.

[Pause]

Dann wird von CD „Sprachgewirr" eingespielt.

[Pause]

Spr.: Lesung Apg 2, 5–18

3. Schritt: Ermutigung der Jünger durch das Pfingstereignis (Rollenspiel, 2. Teil)

S 1: Was war das?

S 2: Das war der Heilige Geist, den Jesus Christus uns bei seiner Himmelfahrt angekündigt hat.

S 3: Nun gehe ich doch nicht in mein Dorf zurück. Ich will anderen Menschen erzählen, dass Jesus Christus für uns gestorben und auferstanden ist.

S 4: Hier sind so viele unterschiedliche Menschen. Und sie verstehen sich alle. Vielleicht darf ich als Zöllner auch bei ihnen bleiben. – Ich muss unbedingt weitererzählen, wie Jesus mein Leben verändert hat!

S 5: Mensch, wir brauchen ja gar keine Angst zu haben. Gott schickt uns doch seinen Heiligen Geist, wie Jesus es uns bei seiner Himmelfahrt versprochen hatte. Er wird bei uns sein, wenn uns Schwierigkeiten drohen. Das müssen alle Leute erfahren! Lasst uns gehen!

S 1: Das ist eine gute Idee!

S 2: Ja, lasst uns in alle Welt gehen und das Evangelium weitersagen.

S 3:   Ich komme auch mit!

S 4:   Gott wird mit seinem Geist bei uns sein.

ANSPRACHE

Liebe Schülerinnen und Schüler,

so oft ich vor dem Weihnachts- oder Osterfest Menschen treffe, werde ich nach der Begegnung mit ihnen mit den Worten „Frohe Weihnachten" oder „Frohe Ostern" verabschiedet. Viel seltener hingegen geschieht es, dass mir Freunde oder Bekannte vor den Pfingstfeiertagen den Wunsch „Frohe Pfingsten" mit auf den Weg geben. Woran mag es nur liegen, dass das Pfingstfest so wenig im Bewusstsein der meisten Menschen verankert ist? Sicher hat es damit zu tun, dass viele den biblischen Ursprung und Sinn von Pfingsten gar nicht mehr kennen. Das ist bei Weihnachten und Ostern anders. Zahlreiche Bräuche in den Familien weisen mehr oder weniger deutlich auf die Bedeutung dieser Feste hin. Und auch der Gottesdienstbesuch, am Heiligen Abend, an Karfreitag oder in der Osternacht, ist für etliche Menschen noch gute Tradition. Die Ausblendung des Pfingstfestes hängt aber wohl auch damit zusammen, das sein biblischer Bezugspunkt, das Wirken des Heiligen Geistes in den Jüngern, etwas so schwer fassbares ist. Ihr selbst habt in eurer Performance ja schon deutlich gemacht, dass die Bibel vom Heiligen Geist nur in Bildern spricht. Offenbar war es schon damals schwer zu beschreiben, was in Jerusalem mit den Jüngern geschah. Da ist das Bild vom Feuer, das die Anhänger Jesu plötzlich „Feuer und Flamme" für ihre Sache sein lässt. Und da ist das Bild vom Sturm, der die ratlosen Jünger aufwühlt und auf die Straßen treibt.

Nicht nur Weihnachten und Ostern, sondern auch das Pfingstfest markiert einen wichtigen Punkt im Kirchenjahr. Es ist gleichsam das *Geburtstagsfest der Kirche,* ohne das es sie gar nicht gäbe. Erst durch den Heiligen Geist finden die Jünger den Mut, auf die Straßen zu gehen und sich zu Jesus Christus, dem Gekreuzigten und Auferstandenen, zu bekennen. Auf ihre Predigt hin lassen sich dann Menschen taufen und es entstehen die ersten christlichen Gemeinden.

Drei Züge der Wirksamkeit des Geistes, von der die Apostelgeschichte berichtet, fallen mir besonders auf.

Zum einen: *Gottes Geist bringt Menschen in Bewegung.* Kaum eine andere biblische Erzählung ist so stark von Aufbruch und Bewegung geprägt, wie die Pfingstgeschichte. Achtet nur einmal genau auf den Verlauf der Erzählung! Findet man die Jünger anfangs starr an einem Ort sitzen, so drängen sie schon bald hinaus auf den Marktplatz, um zu predigen. Das *Brausen vom Himmel wie von einem gewaltigen Wind* reißt sie geradezu von ihren Stühlen und treibt sie voran. Die Jünger sind von ihrer Sache buchstäblich *begeistert*, sie beginnen, sich aus ihrem Glauben heraus zu engagieren. Solche Begeisterung ist nicht nur ein Phänomen der Vergangenheit. Der Heilige Geist bewegt immer wieder Menschen dazu, sich einzusetzen: für andere Menschen, die in Not sind oder denen Unrecht geschieht; für Menschen, die in Unfrieden leben und Versöhnung suchen; für mutlose, kranke oder traurige Menschen, die Beistand brauchen. Zu solchem Engagement will Gottes Geist uns mitnehmen, und zwar dort, wo wir leben: in der Familie und im Freundeskreis, in der Kirchengemeinde und in der Schule, in der gesellschaftlichen und politischen Verantwortung.

Zum anderen: *Gottes Geist öffnet Türen.* Die Pfingsterzählung deutet an, dass sich die Jünger nach Christi Auffahrt zum Himmel ängstlich und verunsichert von den Menschen zurückgezogen haben. Es scheint fast so, als hätten sie sich hinter verschlossenen Türen verbarrikadiert. Erst als Gottes Geist sie erfasst, als sie *Feuer fangen* für ihre Sache, öffnen sie die Türen des Hauses und bewegen sich auf Menschen zu. Das Hinaustreten aus den Türen des Hauses in die Straßen von Jerusalem hinein ist jedoch nur ein äußerlicher Schritt, dem offenbar ein inneres Geschehen vorausgegangen ist. Die Jünger mussten zunächst einmal ermutigt werden, aus sich selbst heraus zu gehen, die Barrieren der Unsicherheit und Angst in sich selbst zu überwinden. In unserer Pfingsterzählung liegt das wunderbare Versprechen, dass Gottes Geist Menschen aus Mutlosigkeit und Depression herausholen kann, so dass sie ihre Selbstisolation aufgeben. Sicherlich geschieht dies heute nicht so unmittelbar und plötzlich, wie es in unserem Text beschrieben wird. Es braucht dazu Menschen, die sich liebevoll und geduldig um einen anderen bemühen, damit er lernt, wieder offen zu sein für das Leben um ihn herum.

Schließlich die letzte Beobachtung: *Gottes Geist schafft Verständigung.* Vielleicht hat mancher von euch schon einmal die Erzählung vom Turmbau zu Babel aus dem Alten Testament gelesen. Dort wird berichtet, dass die Menschen den Plan fassen, einen Turm zu errichten, der bis in den Himmel reicht, um ihr Können und ihre Macht zu demonstrieren. Gott vereitelt diesen Plan, indem er die Sprache der Menschen verwirrt, so dass sie sich nicht mehr verständigen können. Unsere Pfingstgeschichte ist eine Gegengeschichte zu dieser Erzählung vom Turmbau zu Babel. Die vom Geist Gottes erfüllten Jünger Jesu werden von den Menschen in Jerusalem verstanden, obwohl diese aus ganz verschiedenen Ländern, Kulturen und Religionen stammen. Gottes Geist hilft also, dass Menschen nicht aneinander vorbei reden. Sie werden vielmehr sensibel füreinander, hören aufeinander, obwohl sie ganz unterschiedlicher Herkunft sind. Ob die Jünger mit dem, was sie zu sagen haben, überzeugen können, steht auf einem anderen Blatt. Von manchen, so hören wir, werden sie verspottet und belächelt. Dass aber unter dem Wirken von Gottes Geist Gespräche gelingen können und ein wirkliches Einander – Verstehen möglich wird, bezeugt unsere Geschichte vom Pfingstwunder in Jerusalem ganz deutlich. In einer Gesellschaft, in der wir lernen müssen, als Menschen unterschiedlicher Kulturen und Religionen friedlich zusammen zu leben, brauchen wir solch eine gelingende Verständigung dringender denn je. Amen.

LIED
Komm, heilger Geist (Kindergesangbuch 70)

FÜRBITTENGEBET UND VATERUNSER
Das Gebet wird von mehreren Sprecherinnen und Sprechern vorgetragen.

Herr, guter Gott! Du hast den Jüngern in Jerusalem deinen Geist geschenkt. Viele Menschen sind seither in Bewegung geraten, haben ihre Angst überwunden und das Evangelium von Jesus Christus verkündigt. Heute Morgen bitten wir dich für uns:

Alle: Herr, sende uns deinen Geist!

Wir bitten dich für Menschen in Angst und Verzweiflung. Wir möchten sie aufsuchen und ihnen eine Hilfe sein. Zeige ihnen einen Ausweg und lass sie neuen Mut für ihr Leben finden. Wir bitten dich:

Alle: Herr, sende uns deinen Geist!

Wir bitten dich für Menschen in Krankheit und Trauer. Wir möchten ihnen beistehen und ihnen zuhören. Hilf ihnen, ihren Schmerz zu ertragen und schenke ihnen neuen Mut. Wir bitten dich:

Alle: Herr, sende uns deinen Geist!

Wir bitten dich für Menschen in Krieg und Verfolgung. Wir suchen nach Wegen für ein friedliches Miteinander. Verwandle Hass und Gewalt in Gedanken des Friedens und der Gerechtigkeit. Wir bitten dich:

Alle: Herr, sende uns deinen Geist!

Wir bitten dich für unseren Umgang miteinander, in der Familie, in der Schule, in der Gesellschaft. Wir möchten einander zuhören und verstehen. Schenke uns Vertrauen zueinander. Wir bitten dich:

Alle: Herr, sende uns deinen Geist!

Wir bitten dich um den Mut, unseren christlichen Glauben weiterzugeben. Wir möchten das Evangelium von Jesus Christus weitersagen und durch unser Leben für andere erfahrbar machen. Gib uns dazu Kraft und Gewissheit in unserem Glauben. Wir bitten dich:

Alle: Herr, sende uns deinen Geist!

Wir beten zu dir mit den Worten, die dein Sohn Jesus Christus uns gelehrt hat:

Alle: Vater unser im Himmel ...

LIED

Eine freudige Nachricht breitet sich aus
(Menschenskinderlieder 117)

SEGENSGEBET

Menschen werden neu durch den Geist Gottes.
Die Erde wird neu durch *begeisterte* Menschen.
Sie werden *Fels:*
Sie befestigen, wo etwas zusammenfällt,
geben Stärke, wo etwas schwach ist.
Sie werden *Feuer:*
Sie wärmen, wo es kalt ist,
bringen Licht dahin, wo es dunkel ist.
Sie werden *Leben:*
Sie handeln mit Güte, wo Gewalt ist
und geben den langen Atem der Hoffnung, wo Verzweiflung ist.
Dazu segne uns der barmherzige und gütige Gott,
der Vater, der Sohn und der Heilige Geist.
Amen.

LIED

Die Sache Jesu braucht Begeisterte (Meine Lieder 20)

Sekundarstufe I

Erntedank: Und Gott fand es echt cool!

Leitgedanken

Angesichts Technisierung und Globalisierung versinkt das Erntedankfest, abgesehen von ländlichen Gegenden, mehr und mehr in die Bedeutungslosigkeit. Im schulischen Kontext tauchen Erntedankfestgottesdienste fast ausschließlich im Grundschulbereich auf. Der Ausgangspunkt für das Projekt eines Erntedankgottesdienstes mit Schülerinnen und Schülern der 7./8. Jahrgangsstufe war die Auseinandersetzung mit dem altorientalischen und naturwissenschaftlichen Weltbild unter der Fragestellung, welches Lebensgefühl Menschen haben, die mit einer der beiden Vorstellungen von dem Verhältnis von Gott und der Welt leben: Einerseits das Gefühl, unter der Beobachtung der Götter zu stehen, andererseits die Erfahrung Angst machender Grenzenlosigkeit in den Weiten des Weltalls. Diese Erfahrungen wurden konfrontiert mit den Aussagen des ersten Schöpfungsberichts Gen 1,1–2,4a und die darin zum Ausdruck kommende Erfahrung der von Gott geschenkten Freiheit und Verantwortlichkeit des Menschen für seine Welt.

Vorbereitung

Ausgangspunkt der Vorbereitung war ein Unterrichtsgespräch, in dem die Weltbilder gegenübergestellt wurden. Als Vorlagen dienten OHP-Folien aus: P. Bock/W. Kinkel/B. Merten, Weltbilder der Bibel, Arbeitstransparente Religion, München [3]1977 sowie Texte zum altorientalischen und neuzeitlichen Weltbild (s.u.). Für den Gottesdienst wurden von den Schülerinnen und Schülern großformatige Plakate (2m x 2m) mit den Weltbildern erstellt sowie einzelne Pappfiguren zur Textvorlage Gen 1,1f. Die Plakate wurden auf Kartenständer im Gottesdienstraum präsentiert.

Textvorlagen für das Unterrichtsgespräch unter der Fragestellung: „Wie fühlen sich Menschen, die ein solches Bild von der Welt im Kopf haben?"

Text 1: Das Weltbild der Babylonier

Die Babylonier stellten sich, mehr als 2000 Jahre vor Christi Geburt, die Entstehung der Welt folgendermaßen vor:

Die Babylonier glaubten nicht nur an einen Gott, sondern an *viele Götter.* Vor aller Zeit, als es unsere Welt noch nicht gab, gab es nur *die Welt der Götter.* Einmal, so glaubten die Babylonier, kam es zu einem *Kampf der Götter.* Nach diesem Kampf macht ein Gott, der Gott MARDUK aus dem Leichnam des Gottes Tiamat, den er besiegt hatte, die Welt:

Der Gott Marduk machte die Welt als eine runde Scheibe, die auf dem Wasser der Urflut schwimmt. Er schuf die Himmelsdecke wie eine gläserne Halbkugel über der Erde. Oberhalb der Himmelsdecke ist ebenfalls Wasser. Die Himmelsdecke dient dazu, dass das Wasser nicht auf die Erde hereinbricht. Aber es gibt Fenster in der Himmelsdecke, die von Göttern bewacht werden. Von Zeit zu Zeit öffnen diese Götter die Fenster, damit es regnet. *Wenn die Götter den Menschen böse gesinnt sind,* öffnen sie die Fenster zu lange und es gibt *lebensbedrohende* Überschwemmungen auf der Erde. Ebenso können sich die Brunnen der Tiefe öffnen, die das Land mit Wasser überfluten. Die Menschen sind sich also *nie ihres Lebens sicher.*

Unter die Himmelsdecke stellte der Gott Marduk die Sonne, den Mond und die Sterne. Diese *Gestirne sind Götter,* die auf die Welt herabschauen und die Menschen bewachen und alles sehen, was die Menschen tun.

Der Gott Marduk schuf auch alle Pflanzen und Lebewesen. Zuletzt schuf er die Menschen. *Die Menschen sollen Diener und Sklaven der Götter* sein. Sie sollen für die Götter die schwere Arbeit verrichten. Die Götter bewachen die Menschen: Der *Gott Sonne* bewacht die Menschen am Tag, der *Gott Mond* bewacht die Menschen in der Nacht. Die Menschen sind den Göttern *völlig ausgeliefert.* Die Welt ist ein *gefährlicher Lebensraum* für die Menschen. Es kommt für die Menschen darauf an, die Götter freundlich zu stimmen, damit es ihnen gut geht.

TEXT 2: DAS WELTBILD DER MODERNEN NATURWISSENSCHAFT

Heutige Naturwissenschaftler, Biologen, Physiker und Chemiker, stellen sich die Entstehung des Weltalls so vor:

Die Astronomie hat entdeckt, dass das *Weltall unendlich groß* ist. Es gibt viele unzählige Sonnensysteme mit Planeten wie die Erde. Die Erde ist nur ein ganz kleiner Planet und ganz klein im großen Weltall.

Vor mehr als 15 Milliarden Jahren begann die Geschichte des Weltalls. Damals war das ganze Universum nur in einem einzigen Punkt konzentriert, der kleiner war als der Kopf einer Stecknadel. In einer unvorstellbaren Explosion wurde von diesem Punkt aus Materie ins Weltall hinausgeschleudert, aus dem sich dann nach Milliarden von Jahren die ersten Sonnensysteme bildeten.

Unter den vielen Himmelskörpern kennen wir nur die Erde, auf der Leben entstanden ist. *Menschliches Leben gibt es vermutlich nur auf der Erde.* Vor mehr als 3 Milliarden Jahren entstanden erste Formen von Leben auf der Erde. Der Mensch hat sich erst ganz spät aus seinen Vorfahren, den Menschenaffen, entwickelt.

Trotz der Technik und des Wissens, das die Menschen heute haben, sind die Menschen gegen die Katastrophen, die die Natur auslöst, *nicht gesichert.* Immer wieder gibt es Überschwemmungen, Erdbeben, Vulkanausbrüche oder Unwetter.

Außerdem kann der Mensch *die Welt zerstören.*

Ablauf des Gottesdienstes

MUSIK

LIED

 Morgenlicht leuchtet (EG 455)

EINGANGSWORTE

 Im Namen des Vaters und des Sohnes und des Heiligen Geistes. Amen.

 Unsere Hilfe steht im Namen des Herrn, der Himmel und Erde gemacht hat.

GEBET

 Lieber Vater im Himmel,

 Wir sind zum Gottesdienst zusammen gekommen.
 Wir sehen unter den Menschen hier viele bekannte Gesichter,
 Menschen, mit denen wir Tag für Tag zusammenleben,
 Menschen, die wir gern haben,
 Menschen, mit denen wir auch manchmal unsere
 Schwierigkeiten haben,
 Menschen, die für uns da sind und uns helfen.

 Und wir sehen Menschen, die uns unbekannt sind.
 Menschen, von denen wir nichts wissen,
 Menschen, von deren Leben, von deren Glück und Unglück wir
 keine Ahnung haben,
 Wir bitten darum, dass du jetzt auch bei uns bist
 und dein guter Geist unseren Gottesdienst begleitet.
 Amen.

EINGANGSPSALM

 Psalm 8 nach der Übersetzung der Guten Nachricht

 Herr, unser Herrscher!
 Groß ist dein Ruhm auf der ganzen Erde!
 Deine Hoheit reicht höher als der Himmel.

Aus dem Lobpreis der Schwachen und Hilflosen
baust du eine Mauer,
an der deine Widersacher und Feinde zu Fall kommen.
Ich bestaune den Himmel, das Werk deiner Hände,
den Mond und alle die Sterne, die du geschaffen hast:
Wie klein ist da der Mensch, wie gering und unbedeutend!
Und doch gibst du dich mit ihm ab und kümmerst dich um ihn!
Ja, du hast ihm Macht und Würde verliehen; es fehlt nicht viel,
und er wäre wie du.
Du hast ihn zum Herrscher gemacht über deine Geschöpfe,
alles hast du ihm unterstellt:
die Schafe, Ziegen und Rinder, die Wildtiere in Feld und Wald,
die Vögel in der Luft und die Fische im Wasser,
die kleinen und die großen, alles, was die Meere durchzieht.
Herr, unser Herrscher, groß ist dein Ruhm auf der ganzen Erde!

SPRECHSZENE
Leben unter der Aufsicht der Götter

Im Religionsunterricht haben wir uns Gedanken darüber gemacht, wie sich die Menschen vor langer Zeit die Welt vorgestellt haben und wie sich die Menschen heute unsere Welt vorstellen. Und wir haben darüber nachgedacht, wie sich Menschen damals und heute fühlen, wenn sie sich ihre Welt ihrer Zeit entsprechend vorstellen.

Links seht ihr das Weltbild der alten Babylonier, die vor mehr als 3000 Jahren gelebt haben. Und rechts seht ihr, wie wir uns heute das Weltall vorstellen.

Wir wollen euch jetzt das Weltbild der Babylonier erklären.

Die Babylonier stellten sich die Welt als Scheibe vor, die auf dem Wasser schwimmt.

Einmal, noch bevor es die Welt überhaupt gegeben hat, so dachten die Babylonier, hat der Gott Marduk mit dem Gott Tiamat gekämpft. Marduk hat diesen Kampf gewonnen und der Gott Marduk hat aus dem Leichnam des Gottes Tiamat die Welt geschaffen. Nach ihrer Meinung war die Himmelsdecke eine große, gläserne Halbkugel. Über dieser Halbkugel ist Wasser, denn der Himmel ist ja blau. In dieser Halbkugel gibt es Fenster, die von Göttern bewacht werden und manchmal geöffnet werden, damit es regnet.

Aber wenn die Götter böse auf die Menschen sind, öffnen sie die Fenster für eine lange Zeit und dadurch gibt es dann lebensgefährliche Katastrophen. Die Babylonier meinten auch, dass Marduk die Gestirne geschaffen hat. Aber Sonne, Mond und Sterne sind Götter, die Menschen tagaus und tagein beobachten, wo sie auch sind.

Die Pflanzen und die Lebewesen schuf Marduk zuletzt. Die Menschen sollten nach dem Willen Marduks Diener und Sklaven für die Götter sein und für sie die schwere Arbeit verrichten. Die Menschen waren auf dieser Scheibe nie ihres Lebens sicher und versuchten, die Götter durch Opfer milde zu stimmen, damit sie ihnen nichts Böses taten.

Könnt ihr euch vorstellen, wie die Menschen sich gefühlt haben, die an dieses Weltbild geglaubt haben? Sie fühlten eingeengt auf ihrer Scheibe. Da die Menschen Angst vor der Sonne, vor dem Mond und den Sternen hatten, fühlten sie sich von ihnen ständig beobachtet. Sie achteten darauf, alles richtig zu machen und achtet darauf, die Götter bei guter Laune zu halten. Sie konnten nicht tun, wozu sie Lust hatten. Manche Menschen wollten wissen, was die Götter über sie dachten. Viele fühlten sich bestimmt wie unter einer Käseglocke eingesperrt.

LIED
Gott gab uns Atem (EG 432)

SPRECHSZENE
Leben in einer Welt, in der Gott nicht vorkommt

Wir wollen euch jetzt unser heutiges Weltbild vorstellen, so wie die Naturwissenschaftler unsere Welt beschreiben. Ihr seht das Bild auf der rechten Seite.

Ihr könnt darauf nicht nur eine Sonne, sondern viele Sonnen entdecken. Um jede dieser Sonnen kreisen Planeten. Manche dieser Planeten haben wieder Monde, die sie umkreisen. Eine dieser Sonnen ist unsere Sonne, und einer der Planeten ist unser Planet, den wir Erde nennen.

Die Biologen, Physiker und Chemiker stellen sich das Weltall so vor: Sie haben entdeckt, dass das Weltall unendlich groß ist. Es gibt unzählige Sonnensysteme. Die Erde ist nur ein ganz kleiner Planet im großen Weltall. Die Naturwissenschaftler meinen, dass die Geschichte des Weltalls vor mehr als 15 Milliarden Jahren angefangen hat. Damals gab es eine furchtbare Explosion, den Urknall. Daraus ist das Weltall entstanden.

Wir wissen von keinem Planeten im Weltall, auf dem es wie bei uns Lebewesen gibt. Auf unserem Planeten entstand das Leben vor mehr als 3 Milliarden Jahren. Allmählich sind die Menschen aus den Affen entstanden. Trotz ihres großen Wissens können die Menschen sich nicht völlig gegen Naturkatastrophen sichern. Immer wieder bedrohen Wirbelstürme, Überschwemmungen oder Vulkanausbrüche die Menschen. Auch können die Menschen die Welt zerstören.

Heute glaubt kein Mensch mehr an Götter, die sie von oben beobachten. Erst recht wissen wir, dass die Erde keine Scheibe ist und dass man nicht an den Seiten dieser Scheibe herunterfallen kann. Unser Weltbild kommt ohne eine Vorstellung von Gott aus.

Wie fühlen sich Menschen, die mit solch einem Weltbild leben?
Wir können über die Größe des Weltalls staunen!
Wir können uns an den Wundern der Natur erfreuen!
Wir können versuchen, die Naturkatastrophen zu verhindern!
Wir können Raketen starten, um das Weltall zu erkunden!

Aber wir können auch Angst haben vor der Größe des Weltalls!
Wir können uns allein fühlen in den Weiten des Weltraums!
Wir können die Welt zerstören, ohne dass uns irgendwelche Götter daran hindern!
Wir können viel – aber dürfen wir alles?

LIED
Der Himmel geht über allen auf (EG 611)

SPRECHSZENE UND AKTION
Während des Liedes wird der Kartenständer mit dem Plakat für die Schöpfungsgeschichte in den Altarraum gestellt. Die Erdkugel ist zunächst noch von einer schwarzen Pappe verdeckt. Während mehrere Sprecherinnen und Sprecher die Texte lesen, vervollständigen andere das Plakat.

Leben in einer Welt, die Gott „echt cool" findet.

Vor vielen Jahrhunderten haben Menschen eine Geschichte aufgeschrieben. Sie erzählen ihre Vorstellung davon, wie Gott die Welt geschaffen hat. Sie erzählen damit aber auch, wie sie sich in ihrer Welt fühlen und was ihnen an der Welt wichtig ist.

Wir haben diese Schöpfungsgeschichte in unsere Sprache übertragen. Das klingt vielleicht ganz lustig und doch meinen wir es dabei ganz ernst. Unsere Schöpfungsgeschichte beginnt:

Am Anfang war es total stinklangweilig auf der Erde, weil noch gar nichts da war. Da war voll die Sintflut. Und Gott guckte sich das von oben an und sagte: „Hey, das sieht richtig gut aus. Da machen wir noch mehr draus!" Und dann wurde es total hell und das Licht ging an.

Der obere Teil der schwarzen Pappe und der untere Teil der Pappe werden abgenommen.

Und Gott machte Tag und Nacht. Und es verging der erste Tag. Und Gott fand es cool.

Am zweiten Tag machte Gott so eine Decke über der Erde, damit das Wasser von oben nicht durchtropft. Und Gott gab der Decke einen Namen. Er nannte die Decke Himmel. Und es verging der zweite Tag.

Am dritten Tag war auf der Erde noch eine richtige Überschwemmung. Da teilte Gott erst einmal Wasser und Land.

Die beiden letzten schwarzen Pappen werden weggenommen.

Und Gott gab dem Wasser und dem Land Namen. Er hätte sie Edeltraud und Heinz nennen können, aber er nannte sie Erde und Meer. Dann kam noch das Grünzeug und fertig war das Gemüsebeet.

Zwei Grasbänder werden angeklebt.

Und schließlich machte Gott an diesem Tag auch noch die Bäume.

Ein Baum wird angeklebt.

Da war der dritte Tag auch schon zu Ende. Und Gott fand es cool.

Am vierten Tag machte Gott die Beleuchtung für seine Erde. Auf einmal waren da so zwei große runde leuchtende Dinger am Himmel. Eine davon ist ganz schön heiß und leuchtet nur tagsüber.

Die Sonnenscheibe wird angeklebt.

Die andere Scheibe leuchtet nur nachts.

Die Mondscheibe wird angeklebt.

Dazu kamen noch viele kleine leuchtende Dinger am Himmel. Auch sie leuchten nur nachts.

Die Sterne werden angeklebt.

Und Gott nannte die Leuchten Sonne, Mond und Sterne. Da war der vierte Tag zu Ende. Und Gott fand es cool.

Am fünften Tag wurde es im Wasser lebendig. Er machte große und kleine Tiere im Wasser, die wackeln mit dem Schwanz.

Der Walfisch und ein Fisch werden angeklebt.

Und in der Luft flogen auch Tiere, große und kleine.

Die Vögel werden angeklebt.

Und Gott nannte die Tiere im Wasser Fische und die Tiere in der Luft Vögel. Da war auch der fünfte Tag zu Ende. Und Gott fand es cool.

Dann kam der sechste Tag. Gott machte die Tiere auf dem Land. So ein kleines langes, glibberiges Ding nannte er Regenwurm.

Der Regenwurm wird angeklebt.

Er machte Tiere, die Pflanzen fressen. Die nannte er zum Beispiel Pferd und Schaf.

Das Pferd und das Schaf werden aufgeklebt.

Andere Tiere sind Fleisch fressende Ungetüme. Eins davon nannte Gott Löwe.

Der Löwe wird anklebt.

Und zum Schluss des Tages kam der absolute Höhepunkt, die Menschen, Mann und Frau.

Menschen in der Mitte ankleben.

Den Menschen gab er die Macht über alles, was er gemacht hatte.
Und da war auch der sechste Tag zu Ende.
Und Gott schaute sich alles noch einmal an
und fand alles echt cool.

Am siebten Tag aber war Gott voll faul und ruhte sich erst mal richtig aus. Das finden wir echt cool!

LIED

Jeder Teil dieser Erde (EG 672)

ANSPRACHE

Und Gott fand es echt cool! Und wie finden wir's?

War es vielleicht doch zu salopp gesagt, was da am Anfang unserer Bibel steht: „Am Anfang schuf Gott Himmel und Erde. Und die Erde war wüst und leer, und es war finster in der Tiefe." So übersetzte das Martin Luther vor mehr als 450 Jahren. Und unsere Schülerinnen und Schüler machen daraus: „Am Anfang war es total stinklangweilig auf der Erde, weil noch gar nichts da war."

Gehört sich das? Kann man so scheinbar respektlos mit der Bibel umgehen? Ich denke, dass man das kann. Und zwar vor allem dann, wenn wir es nicht aus Jux und Dollerei tun, sondern so, dass damit dann diese alte Geschichte neu für Menschen, für junge Menschen unserer Zeit zu sprechen beginnt und ihnen etwas zu sagen hat, für das, was sie angeht, was sie begeistert und wo sie ihre Fragen haben. Es geht hier nicht um ferne Zeiten, es geht hier nicht um eine Geschichte, die jenseits unseres Denkens spielt, es geht hier nicht darum, wie die Welt entstanden ist, sondern was diese Welt mit uns, mit unserem und mit eurem Leben, zu tun hat.

In diese ersten Sätzen schon haben einige von euch das ganze Lebensgefühl eurer Generation gepackt, jene Gefühlswogen, die von stinklangweilig auf der Erde rumhängen reichen, bis zum teilnehmenden, begeisterten Ausruf: „Hey, das sieht richtig gut aus. Da machen wir mehr draus." Ja, es könnte sein, dass diese zwei

Weltbilder rechts und links, auch wenn sie Gedankengebilde einer bestimmten Zeit sind, vielleicht doch Lebensgefühle wiedergeben, die euch heute nicht ganz fremd sind, von denen ihr auf der einen Seite herkommt und auf der anderen Seite hingeht.

Da ist das Weltbild der Antike – *Leben unter der Aufsicht der Götter,* Leben unter einer Käseglocke. Ist das nicht vielleicht das Spiegelbild des Lebens in der Kindheit, aus der ihr kommt: ein enger, geschlossener Raum, der auf der einen Seite zwar meine Freiheit, mein Tun und Lassen einschränkt, aber auf der anderen Seite auch nichts von außen auf mich zukommen lässt; das mich bedrohen kann? Ich bin klein in diese Welt, aber ich bin beschützt und manchmal auch bewacht. Nein, ich darf nicht alles tun, sonst werde ich zurechtgewiesen. Ich habe meine Aufgaben zu tun, wenn nicht, werde ich schon sehen, wohin und wie weit ich damit komme. Aber ich bin auch behütet: Es ist immer einer bei mir, bei Tag und auch bei Nacht. Und wenn ich mich richtig verhalte, brauche ich keine Angst zu haben.

Am Ende der Kindheit beginnen wir dann schon einmal an dieser Käseglocke, die uns einengt und bewahrt, zu kratzen. Man nennt das dann *Pubertät,* das ist die Zeit, in der die Eltern schwierig werden! Und irgendwann hebt sich diese Käseglocke der Kindheit und wir stehen dann in der Weite dieser Welt wie unter dem Sternenzelt in der Nacht. „Weltraum", „Weltall", „Universum" – jene Worte, die wir für das, was um uns ist, gefunden haben, bringen zum Ausdruck, wie unermesslich weit das ist, was um uns ist, mit einem Menschenleben nicht, ja mit dem einer Generation von Menschenleben nicht zu durchwandern.

So stehen wir dann nach dem Leben unter der Käseglocke als Jugendliche plötzlich wie im weiten Raum – *Leben in einer Welt, in der Gott nicht vorkommt.* Ich darf nicht alles, hieß es früher, jetzt könnte ich alles, was ich will. Aber: „Das musst du selbst entscheiden, da mache ich dir keine Vorschriften mehr!" höre ich die Eltern sagen. Ich kann alles tun, aber was muss ich lassen? Die Götter wachen nicht mehr über mich, weder bewacht bin ich, noch behütet. Die Eltern klopfen an, bevor sie in mein Zimmer kommen. Welch neue Erfahrung! Die Erde ist keine Scheibe mehr, ich könnte, wohin ich wollte, ich habe schon längst meinen eigenen Schlüssel, aber wer sagt mir, welcher Weg der richtige ist. „Da muss er seine eigenen Erfahrungen machen," höre ich meinen Vater sagen, als ich so alt war wie ihr. Aber wer schützt mich vor meinen eigenen Erfahrungen?

Unsere Weltgeschichte gleicht unserer Lebensgeschichte: Die kindliche Naivität weicht ernsthaftem Erwachsensein. Weltgeschichte und Lebensgeschichte eines jeden kommen irgendwann einmal an den Punkt, der in beiden Geschichten *Aufklärung* heißt: Die Macht der Gefühle weicht vor der Gewalt der Vernunft! Vernünftig soll man sein, als Jugendlicher – „Du bist doch kein Kind mehr!" – doch wer bewahrt uns vor unserer Unvernunft, und wohin kann ich mich mit den Gefühlen meiner Kindheit retten, die ich auch zum Leben brauche: Gefühle der Geborgenheit und Gewissheit: „Da ist einer für mich da!" Gefühle der Liebe und des Geliebtwerdens, Gefühle des Angenommensein jenseits meiner Leistungskraft, wer wird mit mir lachen, wenn ich es möchte, und wer nimmt mein Weinen ernst?

Für mich ist es so, dass in der Geschichte von der Schöpfung, die ihr uns mit euren Worten erzählt habt, ein Stück von diesen Gefühlen steckt, die uns weder in einer Welt unter der unendlichen Vielzahl der Sonnensysteme, noch in einem Leben, das die Kinderschuhe endgültig hinter sich gelassen hat, verloren gehen dürfen. Ihr nennt das einfach cool.

Und Gott fand es echt cool! Aber was ist das nun, was Gott an dieser Welt *echt cool* findet?

Es wird ja wohl nicht von jenem coolen Gefühl die Rede sein, die uns im Fernsehen so ein Alpengruftie mit der zartesten Versuchung, seit es Schokolade gibt, anpreist: „Is' cool, Mann!" Es wird ja auch nicht jener coole Outfit gemeint sein, der Lässigkeit signalisiert mit nach hinten gedrehter Baseballmütze und Hosen, deren Schritt in den Kniekehlen sitzt, so dass die Mädchen sagen. „Mann, sieht der cool aus!" Und es werden ja auch nicht jene Sprüche gemeint sein, mit denen man Mädchen anbaggern kann und von denen dann die BRAVO behauptet, dass man damit ganz cool abdrehen kann.

Und Gott fand es echt cool! Was ist das: cool?

Cool – ein Wort, dass nichts mit kühl und lässig zu tun hat, eher schon dem entspricht, was wir mit den Worten *toll, super, prima, schön und gut* meinen. Wie sieht das aus: Ein Leben in einer Welt, die Gott echt cool findet?

Die Geschichte, die ihr uns erzählt habt und das Bild, das dabei vor unseren Augen entstanden ist, erzählen davon. Und das ist eine Geschichte, bei dem man nicht etwa sein Gehirn ausschalten muss und seine naturwissenschaftliche Bildung vergessen sollte. Vielmehr: Die Welt, das Weltall ist weit und groß. Davon erzählt auch diese Geschichte, stinklangweilig zu Anfang, so sagt ihr es, *wüst und leer,* so steht es in der Bibel, *weit und unendlich,* so sagen die Naturwissenschaftler.

Worum geht es in dieser Welt? Es geht darum, eine Ordnung zu finden, Beziehungen herzustellen, Leben, Zusammenleben unter Menschen, mit den Tieren, mit den Pflanzen zu finden, ein Ziel zu haben, für das es sich zu leben lohnt, zu lieben und geliebt zu werden. Und das ist eine Aufgabe, vor die uns jedes Weltbild stellt. Denn jedes Weltbild sagt uns nur das, was ist, aber nicht, was wir daraus machen können, was unsere Aufgabe und was unser Ziel ist.

Die Weltbilder erzählen davon, was ist. Die Schöpfungsgeschichte erzählt davon, was sein könnte! Eine Welt, in der Platz für alle ist, in der jeder und jedes Lebewesen seinen Ort hat, Raum, um zu leben. Und wir Menschen sind darin nicht als die Krone der Schöpfung gedacht, sondern mitten drin, mit aller Freiheit und mit allen Möglichkeiten – und doch nicht allein gelassen, der Bewachung durch einen Gott entzogen, aber nicht ohne Verantwortung vor ihm.

Und Gott fand es echt cool!

Ja, solch eine Welt wäre echt cool. Freiheit von der Käseglocke, entlassen aus der Bewachung durch die Götter, Leben unterm Sternenzelt der Sonnensysteme und doch nicht allein und doch nicht verantwortungslos. Jeder und jede von uns hat vielmehr eine Aufgabe, darf ein Ziel haben, muss nicht allein sein. In dieser Welt, die Gott cool findet, darf man auch Fehler haben und darf man Fehler machen. Man fliegt damit nicht aus dem Paradies – denn das ist eine ganz andere Geschichte. Eine Welt auch, in der nicht alles aus Arbeit, aus Leistung und Tun besteht. Eine Welt, in der man auch mal voll faul sein darf und sich richtig ausruhen darf, wie Gott am siebten Tag. Eine Welt, für die ich danken kann, jeden Morgen neu. Das find ich echt cool! Amen.

Lied
Danke für diesen guten Morgen (EG 334)

Fürbittengebet und Vaterunser
Lieber Vater im Himmel:
Wir beten für unsere Welt:
Dass wir sie mehr und mehr als dein gutes Werk erleben,
in der wir in Frieden miteinander leben und nicht im Krieg
im Glück und nicht im Elend - in Freude und nicht in
Sorge und Angst;

Wir beten für die,
die das Leben noch vor sich haben, wie wir,
Dass sie nicht allein ihren Weg ins Leben suchen müssen;
dass sie selbst nicht interessenlos und gelangweilt in den Tag leben,
sondern helfen, deine Welt zu bewahren.

Wir beten für die Menschen,
die in der Kraft ihrer Jahre stehen, wie unsere Eltern und Lehrer,
die sich Tag für Tag einsetzen

für ihre Familie, für uns und ihren Beruf:
dass ihre Arbeit Anerkennung findet,
dass sie ihre Träume erleben können
und dass sie ihren Plänen Leben schenken können.

Wir bitten für die Menschen,
deren Leben vorangeschritten ist, wie das Leben unserer
Großeltern,
dass sie Menschen um sich haben,
die für sie da sind
und ihnen ein schöne Zeit des Altseins ermöglichen.
Wir bitten für uns und deine Welt, wenn wir gemeinsam zu dir
beten:
Vaterunser im Himmel …

Segen

Musik

Sekundarstufe I

Reformation: Auf diese Steine können sie bauen

Leitgedanken

Sola fide – allein aus Glauben. Mit diesem Schlagwort aus der Reformationszeit charakterisiert Martin Luther seine reformatorische Entdeckung. Der Glaube an Jesus Christus *(solus Christus)*, wie er in der Heiligen Schrift *(sola scriptura)* bezeugt wird, eben das Zeugnis von dem Gott, der sich allein aus Gnade *(sola gratia)* den Menschen zuwendet, bildet für Luther das Fundament seiner Kritik am alten Glauben. Gleichzeitig bildet er die Basis für das Engagement für eine neue *Kirchlichkeit,* die alles Vertrauen in die Gnade Gottes setzt. Für Luther selbst besteht Glaube *(fides)* nicht nur im anerkennenden „für richtig halten" bestimmter Ideen *(credere),* sondern ist ein tiefer Ausdruck von Vertrauen *(fiducia).*

Auch der Heidelberger Katechismus fragt in seinem ersten, konstituierenden Artikel nach dem einzigen Trost im Leben und im Sterben. Die Antwort besteht in dem für den Glauben fundamentalen Satz „dass ich mit Leib und Seele, im Leben und im Sterben, nicht mir, sondern meinem getreuen Heiland Jesus Christus gehöre".

Betrachtet man die Lebenswelt und den entwicklungspsychologischen Stand der Schülerinnen und Schüler in der SEK I, gewinnen die den reformatorischen Erkenntnissen korrelierenden Begriffe wie Vertrauen und Identität große Bedeutung. Schülerinnen und Schüler benötigen im Ablösungsprozess auf der Suche nach eigener Identität im Elternhaus (aber auch in der Lehrerschaft) eine vertrauensvolle Basis, die Rückendeckung gibt. Von diesem Fundament aus können eigene Erfahrungen gesammelt werden, wenn es um das Vertrauen im Freundeskreis und in der Klasse geht. Eine dritte Facette neben elterlichem Vertrauen und dem Vertrauen bezüglich der Altersgenossen ist schließlich die Entwicklung eigener Vertrauenswürdigkeit. Kann ich gnädig mit meinem Scheitern und dem Scheitern anderer umgehen? Erlebe ich Menschen, die mich so annehmen, wie ich bin und lerne ich selbst, andere Meinungen zu akzeptieren? Alle diese Fragen berühren unmittelbar die Entwicklung des eigenen Selbstvertrauens.

In diesen Selbstfindungsprozess gehört von vornherein die Suche nach tragfähigen Lebenskonzepten und damit auch die Frage, „ob und inwieweit Christ-Sein eine je individuelle und tragfähige Möglichkeit"[5] des Lebens der Schülerinnen und Schüler sein kann.

Unter dem Stichwort *Vertrauen (fiducia)* soll in diesem Gottesdienstentwurf die zentrale Entdeckung der Reformation vom gnädigen Gott und dem Glauben als Basis der Gottesbeziehung konkretisiert werden. Das Gedenken der Reformation wird dementsprechend fokussiert auf die Frage nach dem eigenen Standpunkt und dem Fundament des eigenen Vertrauens.

Vorbereitungen

Es bietet sich an, den Gottesdienst im Anschluss an die Beschäftigung mit dem Thema oder als Abschluss einer Unterrichtseinheit zur Reformation durchzuführen. Alle Texte können im Idealfall mit verteilten Rollen gelesen werden.

Im Zentrum des Gottesdienstes steht ein *Experiment,* das einige wenige Vorbereitungen benötigt. Aus der Biologiesammlung wird im Gottesdienstraum ein Aquarium oder Terrarium aufgebaut. In das Aquarium kommen rechts zwei alte Ziegelsteine und links ein möglichst großer Haufen Sand. Für den Gottesdienst werden noch zwei Häuser benötigt, die möglichst aus Plastik oder Moosgummi hergestellt sind. Hervorragend geeignet sind auch Häuser von der Modelleisenbahn und ein paar Bäume vom Modellbau. Außerdem wird eine Gießkanne mit Wasser benötigt.

Damit das Experiment von allen beobachtet werden kann, wird das Geschehen mittels digitaler Videokamera direkt über den Beamer auf eine große Leinwand projiziert. Diese Methode ist auch im Unterricht vielfältig einsetzbar, wenn alle Schülerinnen und Schüler etwas mitbekommen sollen. Wer kein Aquarium zur Verfügung hat, aber einen Camcorder mit Beamer, kann das Experiment auch in einer Plastikwanne durchführen.

Ablauf des Gottesdienstes

MUSIK

BEGRÜSSUNG

LIED
      Herr, gib mir Mut zum Brückenbauen (EG 669)

---

5   Verwayen-Hackmann, Edith/Weber, Bernd, Kirche als Nachfolgegemeinschaft. Jahrgangstufe 7/8, in: rhs 5, 1995, 319.

PSALM MIT LEITVERS (nach Ps 31)

Alle: Guter Gott, du gibst mir Halt und bietest mir Schutz.

HERR, bei dir suche ich Zuflucht;
lass mich nie enttäuscht werden!

Alle: Guter Gott, du gibst mir Halt und bietest mir Schutz.

Rette mich, wie du es versprochen hast!
Hör mich doch, hilf mir schnell!

Alle: Guter Gott, du gibst mir Halt und bietest mir Schutz.

Sei mir ein rettender Fels, eine schützende Burg,
dann bin ich in Sicherheit.

Alle: Guter Gott, du gibst mir Halt und bietest mir Schutz.

Du gibst mir Halt, du bietest mir Schutz.
Geh mit mir und führe mich, denn du bist mein Gott!

Alle: Guter Gott, du gibst mir Halt und bietest mir Schutz.

Bewahre mich vor der Falle, die man mir heimlich gestellt hat;
du bist doch mein Beschützer!

Alle: Guter Gott, du gibst mir Halt und bietest mir Schutz.

Ich gebe mich ganz in deine Hand,
du wirst mich retten, HERR, du treuer Gott!

Alle: Guter Gott, du gibst mir Halt und bietest mir Schutz.

Ehre sei dem Vater und dem Sohn und dem Heiligen Geist.

*Alle: Wie im Anfang, so auch jetzt und alle Zeit und in Ewigkeit.
Amen.*

LIED

Laudate omnes gentes – Lobsingt, ihr Völker alle (EG 181.6)

GEDANKEN ZUM EINSTIEG

Spr. 1: Ich brauche Menschen, zu denen ich Vertrauen haben
kann. Mit denen ich über meine Probleme reden kann.
Eltern, Freundinnen und Freunde, und auch Lehrerinnen
und Lehrer hier bei uns. Es ist gut zu wissen, dass es Menschen gibt, die für einen da sind und die einem wirklich
weiter helfen können.

Spr. 2: Für mich ist es wichtig, dass ich meinen Freundinnen und
Freunden vertrauen kann. Nichts ist schlimmer, als wenn
das Vertrauen ausgenutzt wird. Wenn meine geheimen
Ängste, meine Fehler und Macken, die ich jemandem
anvertraut habe, hintenrum ausposaunt werden. Es tut
fürchterlich weh, wenn man sich lustig darüber macht,
was mir wichtig ist, oder wovor ich Angst habe.

Spr. 3:   Manchmal fehlt mir auch das Vertrauen in mich selbst. Ich mache Dinge, die ich eigentlich gar nicht will. Ich enttäusche Menschen, weil ich dickköpfig bin oder nur an mich selbst denke. Manchmal, wenn ich Dummheiten gemacht habe, schauen mich meine Eltern so komisch an: ich merke, ich habe ihr Vertrauen missbraucht. Gut, dass sie mir immer wieder eine neue Chance geben.

LIED

Ich lobe meinen Gott der aus der Tiefe mich holt
(EG 673/Kindergesangbuch 112)

EXPERIMENT

Auf einem Tisch wird das Aquarium aufgebaut. Im Aquarium ist ein großer Sandhaufen vorbereitet, daneben zwei übereinander gestapelte Ziegelsteine. Spr. 1 und Spr. 2 haben kleine Eisenbahnhäuser, Spr. 3 eine gefüllte Gießkanne.

Spr. 1 tritt auf. Mit selbstsicherer Mine setzt sie/er sein Haus auf den Sandhaufen, stellt einige Bäume darum und rückt sich die Sonnenbrille zurecht.

Spr. 1:   Ich habe mir den besten Bauplatz ausgesucht. Erste Lage, direkt am Wasser. Hier richte ich mir mein Leben ein. Was soll schon groß passieren? Nach mir die Sintflut, sage ich immer. Warum sollte ich mich um andere kümmern? Die andern kümmern sich ja auch nicht um mich. Warum sollte ich Rücksicht nehmen? Ich kann doch nicht immer an die Folgen meiner Handlungen denken. Was später ist, das ist mir egal. Ich will jetzt leben und ich will vom Leben nur das Beste.

Spr. 2 tritt auf. Sorgsam und mit Bedacht stellt sie/er das Haus auf die Ziegelsteine und rückt es noch ein wenig kritisch hin und her.

Spr. 2:   Ich musste etwas länger suchen, bis ich einen geeigneten Platz für mein Haus gefunden habe. Es war manchmal sogar mühevoll und anstrengend. Viele haben mich nicht verstanden. Manche wollten mir diesen Bau sogar ausreden. Sie sagen: Es gibt doch viel bessere Bauplätze als diesen. Schöner gelegen, mit besserer Aussicht und nicht so steinig. Ich habe mich trotzdem für den sicheren Grund entschieden. Man kann eben nicht alles im Leben haben. Aber ich weiß, wo ich stehe.

Spr. 3 tritt auf und schwenkt eine große Gießkanne.

Spr. 3:   Nicht alles kann man im Leben planen. Manchmal geschehen unvorhergesehene Dinge. Gut ist es, wenn man ein sicheres Fundament hat, dem man vertrauen kann.

Spr. 3 begießt den Sandhaufen mit Wasser, bis er in sich zusammen fällt und das Haus einstürzt.

KOMMENTAR

Spr. 3:   Vertrauen ist wichtig für das Zusammenleben. Wenn Vertrauen erschüttert wird, fühle ich mich hilflos und verletzt. Dann verliere ich den Boden unter den Füßen. Ich muss wissen, wer zu mir steht. Was mich im Leben trägt, wenn ich Hilfe brauche.

Der Glaube an Gott kann so ein Fundament für das Leben sein. Martin Luther hat vor fast 500 Jahren erkannt: Jesus Christus kann man bedingungslos vertrauen – im Leben und auch im Sterben. Man braucht keine Angst zu haben, dass Gott einen im Stich lässt. Gott hält zu mir, ohne Vorleistungen und Bedingungen.

Diese Erkenntnis stand am Anfang der Reformation, diese Erkenntnis stand auch am Anfang der evangelischen Kirche. Jesus selbst erzählt über das sichere Fundament folgende Geschichte. Sie steht im Evangelium nach Matthäus im 7. Kapitel:

BIBLISCHE LESUNG

Christus spricht: Wer diese meine Worte hört und sich nach ihnen richtet, wird am Ende dastehen wie ein kluger Mann, der sein Haus auf felsigen Grund baute. Als dann die Regenflut kam, die Flüsse über die Ufer traten und der Sturm tobte und an dem Haus rüttelte, stürzte es nicht ein, weil es auf Fels gebaut war. Wer dagegen diese meine Worte hört und sich nicht nach ihnen richtet, wird am Ende wie ein Dummkopf dastehen, der sein Haus auf Sand baute. Als dann die Regenflut kam, die Flüsse über die Ufer traten, der Sturm tobte und an dem Haus rüttelte, fiel es in sich zusammen und alles lag in Trümmern.

PREDIGT

Liebe Schülerinnen und Schüler, liebe Eltern
liebe Lehrerinnen und Lehrer!

Ich glaube, das wird schon gut gehen. So dachte es sich der Mann, der sein Haus auf Sand gebaut hatte. Ich kann mir jetzt doch über die Folgen keine Gedanken machen. Ich will alles. Und ich will es sofort. Ich will auf der Sonnenseite des Lebens sein. Ein ganz großes Stück vom Kuchen abbekommen. In den *Big Apple* beißen.

Ich bin jung. Ich bin erfolgreich. Ich bin schön. Die Welt soll mir zu Füßen liegen.

Wer so lebt, stellt sein eigenes Geltungsbedürfnis in den Vordergrund und macht sich Äußerlichkeiten abhängig. Und wenn ich selbst nicht alles haben kann, dann träume ich mich wenigstens in die neueste Telenovela hinein. In das Glück des Vorabendprogramms. Aber: Wenn ich nur an meinen Erfolg denke, dann macht mich gerade das kaputt, was ich nicht habe und was ich nicht bin. Dann werden meine unerfüllten Sehnsüchte zur Last.

Der Mann, der sein Haus auf Sand gebaut hatte, war so einer. Er war kein ungläubiger Mensch. Er glaubte an seinen Erfolg: *Ich glaube, das wird schon gut gehen.* So dachte er.

Falsch geglaubt.

Lebensglück kann durchkreuzt werden. Das Unvorhersehbare kann passieren. Und nicht immer tragen wir selbst die Schuld. Die großen Katastrophen der letzten Jahre haben uns das gelehrt. Ob Nine-Eleven oder Tsunami, Amokläufer in den Schulen oder Selbstmordattentäter, das große Leben ist voll von Unvorhersehbarem. Was trägt in solchen Situationen?

Und das kleine Leben, hier im Land, in den Schulen, Familien und Arbeitsstätten? Auch hier läuft es oft nicht so, wie es der erfolgsverwöhnte Mensch gern hat. Schulfrust, Arbeitslosigkeit, körperliche und seelische Krankheiten und auch Familienstreit nehmen zu.

Wie muss ich bauen, damit mein Leben diese Erfahrungen *erträgt?*

Da war der andere Mensch, der auch ein Haus plante. Es war auf Fels gebaut und hat den Unwettern des Lebens getrotzt. Der Bauherr hatte Vertrauen in seine Entscheidung: *Ich habe mich für den sicheren Grund entschieden.* Diese Entscheidung hat ihn etwas gekostet: Er musste sich freimachen von falschen Hoffnungen und Vorstellungen. Freimachen von der Illusion, man könnte im Leben alles haben.

Es ist schwer, sich für diese Art von Freiheit zu entscheiden. Und weil es so schwer ist, will uns die Bibel immer wieder Hilfen dazu geben, sich an das Fundament zu erinnern. Unser ganzes Leben lebt ja von kleinen Erinnerungshilfen. Wir alle kennen die gelben Post-its und Memo-Klebezettel: *Mineralwasser einkaufen, Receiver programmieren nicht vergessen, morgen Englischtest und vieles andere kann man schnell notieren.* Martin Luther hat erkannt: In der Bibel sind die Psalmen solche Memos. Ihre Ideen sind Bausteine für unser Fundament des Glaubens. Sie erinnern uns daran, was wichtig und richtig ist. Und sie reden vom dem, was trägt. Sie helfen uns, den eigenen Glauben zur Sprache zu bringen.

In Psalm 127 heißt es: *Wenn der HERR nicht das Haus baut, so arbeiten umsonst, die daran bauen. Wenn der HERR nicht die Stadt behütet, so wacht der Wächter umsonst.*

Die Menschen, die die Psalmen aufgeschrieben haben, haben die Lebenserfahrung gemacht, dass Gott in den Unwettern des Lebens immer bei ihnen war. Von ihnen können wir lernen, was Glaube heißt, nämlich nicht auf sich selbst und die eigenen Fähigkeiten zu vertrauen, sondern auf Gott. Solcher Glaube fällt nicht vom Himmel. Martin Luther musste in der Reformationszeit diesen Glauben neu lernen. Und Glauben lernen heißt, Vertrauen aufzubauen. Wer sein Vertrauen aufbaut, der sollte es auf ein sicheres Fundament setzen. Der Glaube ist ein Fundament, das nicht im Unwetter des Lebens zusammenbricht. Und das Haus, das auf solch ein Fundament gesetzt wird, ist wie eine feste Burg, die uns mit ihrem Schutz umgibt.

Auf diese Steine können wir bauen!
Amen.

LIED

Ein feste Burg ist unser Gott (EG 362,1-3)

FÜRBITTEN

Einleitung:

Spr. 1:   Guter Gott, du willst uns durch die Höhen und Tiefen unseres Lebens tragen. Du bist bei uns und kennst unsere Nöte und Ängste. Darum können wir dich bitten:

Bitten:

Spr. 2:   Wir bitten für alle, die in der Welt Verantwortung haben, für Kirchenleute und Menschen der Politik. Gib ihnen die Standfestigkeit, immer im Sinne der Menschen zu entscheiden, für die sie Verantwortung tragen. Voll Vertrauen rufen wir zu dir:

Alle: Kyrie, guter Gott erbarme dich …

Text u. Melodie: Christian W. Rasch
Satz: Benjamin Dippel (c) 2006

Ky-ri-e, gu-ter Gott er - bar-me dich,   Chris-tus er-barm dich ü-ber uns.

Ky-ri-e, gu-ter Gott er - bar-me dich,   Chris-tus er-barm dich ü-ber uns.

Ky-ri-e, gu-ter Gott er - bar-me dich,   Chris-tus er-barm dich ü-ber uns.

Ky-ri - e   er - bar-me dich,   e - le - i - son.

Spr. 3: Wir bitten für alle, die in den Schulen lernen und arbeiten. Schenke ihnen Menschen, denen sie sich in ihren Problemen, Sorgen und Ängsten anvertrauen können. Voll Vertrauen rufen wir zu dir:

Alle: Kyrie, guter Gott erbarme dich …

Spr. 4: Wir bitten für unsere Eltern, Angehörigen, Verwandten und Freunde und für uns. Sei bei uns allen mit deiner Liebe und Treue. Sei unser Fundament, auf das wir im Leben und im Sterben vertrauen können. Voll Vertrauen rufen wir zu dir:

Alle: Kyrie, guter Gott erbarme dich …

Abschlussgebet:

Spr. 5: Gott des Vertrauens. Du hast uns so sehr geliebt, dass du deinen einzigen Sohn zu unserer Rettung gesandt hast. Er hat uns davon berichtet, dass wir all unser vertrauen in dich setzen dürfen. Du willst das Fundament unseres Lebens sein. Dafür danken wir dir zusammen mit deinem Sohn, Jesus Christus, und dem heiligen Geist, jetzt und in Ewigkeit.

Alle: Amen.

VATERUNSER

Wir sind alle Gottes Kinder. Deshalb dürfen wir zu unserem himmlischen Vater beten mit den Worten, die Jesus uns gelehrt hat:

Vater unser im Himmel …

SEGEN

Der Segen Gottes sei über euch,
wie ein blauer Himmel und die strahlende Sonne.

Der Segen Gottes sei um euch,
wie ein schützender Mantel und eine feste Burg.

Der Segen Gottes sei unter euch,
wie ein verlässliches Fundament, das euer Leben trägt.

Das alles gewähre euch der dreieinige Gott,
der Vater, der Sohn und der Heilige Geist.

Alle: Amen.

MUSIK

Sekundarstufe I/II

Buß- und Bettag:
Die Mitte woanders suchen – Ein Umkehr-Gottesdienst zum Gleichnis vom verlorenen Sohn (Lk 15,11-32)

Leitgedanken

Die Mitte finden, das setzt einen Prozess des Suchens voraus, ein Suchen, das wesentlich die Lebensphase Jugend bestimmt. Was Jugendliche nach meiner Wahrnehmung nicht benötigen ist, dass Theologen oder Pädagogen ihnen eine Mitte vorgeben oder auch nur anbieten. Nein, Jugendliche sind Suchende und wollen als solche ernst genommen werden. Im Zusammenhang biblischer Texte, gerade in den Abschnitten, wo Jugendliche mit ihren spezifischen Nöten vorkommen, scheint es mir sinnvoll, gemeinsam mit Schülern die Bibel im Kontext der Lebensphase Jugend auszulegen.

Das lukanische *Gleichnis vom verlorenen Sohn* ist eines der bekannteren, auch unter Jugendlichen. Allzu bekannt ist auch jene Lesart, die das Gleichnis von seinem Skopus her, nämlich der Wiederaufnahme durch den Vater, versteht (Lk 15,20b.24). Bei dieser Lesart erleben die Jugendlichen das Evangelium als einen Text, der Partei ergreift für die Erwachsenen. Ihnen selbst kommt nach Lk 15,21 Sündenerkenntnis, ja Wertlosigkeit zu, nachdem mit Luthers Übersetzung der verlorene Sohn ja das Erbteil seines Vaters *verprasst* hat (Lk 15,13b). Diese Lesart wird nach meiner Wahrnehmung der Situation Jugendlicher heute nicht gerecht, aus einem so verkündigten Evangelium können sie weder Trost noch Hoffnung schöpfen.

Im Folgenden bemühe ich mich darum, eine Unterrichtssequenz zu skizzieren, die eine erfahrungsorientierte Erschließung von Lk 15,11-20[6] initiiert und Jugendliche ermuntert, ihre Arbeitsergebnisse mit dem biblischen Text zu verknüpfen und auf dieser Grundlage einen Gottesdienst zu konzipieren.

---

6 Ich konzentriere mich zunächst auf den ersten Teil des Gleichnisses. Der Streit der Brüder ist ein weiteres Thema und Stoff für einen weiteren Gottesdienst.

Vier-Ecken-Spiel, ein erfahrungsorientierter Zugang zu Lk 15

Ich schlage vor, in die Unterrichtssequenz nicht mit dem biblischen Text, sondern mit den Erfahrungen der Jugendlichen einzusteigen. Das aus dem Kontext des Bibliodramas bekannte Vier-Ecken-Spiel scheint mir dazu geeignet. Stühle und Tische müssen für diesen Einstieg an die Wände gerückt werden, um in der Mitte eine große freie Fläche zu erhalten. In die vier Ecken des Raumes werden nun die vier Begriffe der ersten waagerechten Wortreihe platziert und die Schüler anschließend aufgefordert, im Raum umherzugehen und den Begriff aufzusuchen, der ihnen momentan bedeutsam erscheint:

Wortreihen zu LK 15,1-20:

etwas verlieren	verloren gehen	sich bereichern	etwas gewinnen
Besitz haben	Geschenke bekommen	erben	schenken
Regeln übertreten	nach Vor- schriften leben	Gewohnheiten pflegen	etwas wagen
verbrauchen	verspielen	verprassen	sparen
jobben	arbeitslos sein	Sozialhilfe bekommen	einen festen Arbeitsplatz haben
umkehren	sich aufraffen	verharren	wie gelähmt sein

Wenn alle Schüler sich einem Begriff zugeordnet haben, beginnt das Gespräch in kleinen Gruppen. Erlaubt und erwünscht ist alles, was zu diesem Begriff einfällt.[7] Es geht um die Versprachlichung aktueller Assoziationen zu den jeweiligen Begriffen. Nach ca. drei Minuten unterbreche ich die erste Gesprächsrunde und lege die Begriffe der nächsten Wortreihe in die vier Ecken.[8] Zum Ende werden noch einmal alle Begriffe in den Wortreihen auf dem Boden präsentiert und jeder Schüler wird

---

7 Wenn sich in einer Kleingruppe mehr als fünf Schüler einfinden, sollte sie noch einmal geteilt werden um der Intensität des Gespräches willen. Ordnet sich ein Schüler allein einem Begriff zu, biete ich mich als Gesprächspartner an.
8 Eine Glocke o.ä., ist als Zeichen zum Abbruch der Gespräche hilfreich. Bei der Dauer orientiere ich mich an der Gesprächsintensität in den Gruppen.

aufgefordert, sich die Begriffe zu notieren, für die er sich im Laufe des Spiels entschieden hat. Anschließend soll jeder Schüler aktuell seinen wichtigsten Begriff festhalten[9].

Erst jetzt lese ich den biblischen Text laut vor und teile ihn anschließend aus mit dem Auftrag, wichtige Wörter zu unterstreichen. Als Abschluss lesen wir den Text langsam gemeinsam, wobei die Schüler nur die von ihnen unterstrichenen Wörter laut lesen (Sprechmotette). Möglicherweise bietet sich dieser Teil als Lesung für den Gottesdienst an.

Ein Jugendlicher tritt sein Erbe an – Auseinandersetzung mit dem biblischen Text

Wie muss man sich eine Erbschaft heute vorstellen? Wer erbt von wem? Was ist die gesetzliche Erbfolge? Wer erhält einen Pflichtteil? Welche Folgen hat das Auszahlen des Pflichtteils? Welche Besonderheiten ergeben sich, wenn ein landwirtschaftlicher Betrieb Bestandteil der Erbmasse ist? Was meint ihr, wie geht ihr mit eurem Erbteil um, wenn ihr einmal erbt? Einzelne Informationen zum Erbrecht könnten in dem Gottesdienst gelesen werden. In jedem Fall sollten diese Fragen im Unterrichtsgespräch geklärt werden, um für die Situation zu sensibilisieren, mit der das Gleichnis beginnt: Der jüngere von zwei Söhnen fordert von seinem Vater das Pflichtteil des Erbes ein, da er weiß, dass dem älteren Bruder der Hof zusteht. Da der jüngere Sohn sich eine von dem älteren Bruder unabhängige Existenz aufbauen möchte, hat er kaum andere Wahlmöglichkeiten. Die Sicherheit des väterlichen Hofes steht ihm in der Erbfolge jedenfalls nicht zu. Insofern sind seine existentiellen Sorgen viel größer als die des Bruders. In dem väterlichen Erbteil erblickt er eine Chance, die Entscheidung, den Hof zu verlassen ist aber auch mit einem hohen Risiko verbunden. Was haben Jugendliche mit dem verlorenen Sohn des Lukas Evangeliums gemeinsam, inwiefern unterscheidet sich ihre Situation von der biblischen Geschichte? Worauf hofft der „verlorene Sohn", worauf dürfen wir hoffen? Hier ergibt sich ein guter Anknüpfungspunkt für eine Kleingruppe, um ein *Fürbittengebet* zu formulieren.

Notsituation und Mut zur Umkehr – Biblisches Tagebuch

Um Aspekte des biblischen Textes zu vertiefen, können Schüler aufgefordert werden, einen fiktiven Eintrag für ein *biblisches Tagebuch* zu formulieren. Dabei sollen sie einen Tag, besser noch eine Situation des verlorenen Sohnes auswählen.

---

9 An dieser Stelle lasse ich die Begriffe z. T. auch mit einer Geste im Kreis vorstellen (Vertiefung).

Arbeitsauftrag: Verfasst jeweils einen fiktiven Tagebucheintrag des verlorenen Sohnes zu a) Lk 15,11-13a (Situation bis zum Auszug aus dem väterlichen Haus) und b) Lk 15,13b-17 (der gescheiterte Versuch einer eigenen Existenzgründung). Zu diesem Arbeitsauftrag sollte der Hinweis erfolgen, dass das *Wort Prassen* aus V.13 aus dem Griechischen auch mit *Zerstreuen* im Sinne von *unfähig, etwas zusammenzuhalten* übersetzt werden kann. Diese Übersetzungsvariante setzt den verlorenen Sohn deutlich in ein anderes Licht. Die Tagebucheinträge bilden die Grundlage für ein ausführliches Gespräch zu dem Prozess der Umkehr des verlorenen Sohnes in Lk 15,17-20. Der zum Teil in der ersten Person Singular verfasste Monolog verdeutlicht die aktive Steuerung des Umkehrprozesses bis hin zur Entscheidung, den väterlichen Schutz erneut aufzusuchen. Der Mut, mit dem der verlorene Sohn sich aus der ausweglos scheinenden Situation befreit, sollte ein Schwerpunkt des Gespräches sein. Im Gottesdienst könnten die Verse 17–20 an geeigneter Stelle aus dem *Off* gelesen werden.

Nach der Rückkehr des Verlorenen Sohnes – Schreibgespräche

Lukas reduziert das Gleichnis auf die beiden Brüder und den Vater. Das macht Sinn vor dem Hintergrund seiner Verkündigungsabsicht. Vorstellbar ist aber auch die Mutter in das Geschehen einzubinden, eine Schwester oder einen jüngeren Bruder des verlorenen Sohnes. Dieser dritte Bruder könnte den väterlichen Hof ebenfalls nicht erben. Wie reagiert er, wie eine ausgedachte Schwester oder Mutter auf die Rückkehr? In Schreibgesprächen können fiktive Dialoge zur Situation der Rückkehr erstellt werden, die anschließend mit dem biblischen Text Lk 15, 25-32 verglichen werden. Dieser Schritt empfiehlt sich, um die Perikope in ihrem Zusammenhang zu belassen. Für den Gottesdienst meine ich, ergibt sich hier ein neues, eigenes Thema.

Vom Unterricht zum Gottesdienst

Im Laufe des Kirchenjahres bietet sich der zunehmend in Vergessenheit geratene Buß- und Bettag für einen Schülergottesdienst an. Der Termin hat in der Schule den Reiz, dass wahrscheinlich nicht mit vielen religiös orientierten Konkurrenzveranstaltungen gerechnet werden muss. Die Verdeutlichung des biblischen Bußgedankens als *Umkehr* lohnt sich aber auch zu jedem anderen Termin. Die Grundlage des Gottesdienstes oder der Andacht sollten die Schülerarbeiten sein.

Ablauf des Gottesdienstes

Lieder und Musik sollten nach Möglichkeit die Schüler wählen, es müssen nicht nur Kirchenlieder sein. Einige Schüler spielen Instrumente, ich frage immer danach. Wichtig ist, dass die Jugendlichen sich in diesem Gottesdienst angesprochen fühlen, es soll *ihr Gottesdienst* sein.

BEGRÜSSUNG

Das Wort Buße ist in dem Namen dieses kirchlichen Feiertages enthalten. Martin Luther übersetzt so aus dem Neuen Testament. Im griechischen Text findet sich an den entsprechenden Stellen das Wort „Metanoia", das im Gesamtzusammenhang der Evangelien und der Briefe „Umkehr" bedeutet. Von dem Wort „Umkehr" her erschließt sich mir der Sinn unseres Feiertages, und diese Einschätzung finde ich auch in der Geschichte des Buß- und Bettages bestätigt: Sie – die Geschichte – reicht zurück bis in das Mittelalter. In Notzeiten, wenn Menschen sich infolge von Hunger, Krankheit oder Krieg bedroht sahen, riefen sie zu Bußtagen, Umkehrtagen auf:

Umkehr vom Hunger zum Sattsein
Umkehr von Krankheit zu Gesundheit
Umkehr vom Krieg zum Frieden.

Erst zu Beginn des 20. Jahrhunderts einigte man sich auf einen festgelegten Bußtag im Jahr. Die Nationalsozialisten schafften ihn im Jahr 1941 als arbeitsfreien Tag ab, im Jahr 1951 wieder eingeführt hielt er bis zum Jahr 1994: Da entschloss sich die Bundesregierung, den Tag als arbeitsfreien Feiertag abzuschaffen, um mit Hilfe der so gewonnenen Arbeitszeit den Arbeitgeberanteil an der Pflegeversicherung zu finanzieren.[10]

EINGANGSWORTE

LESUNG

Ggf. als Sprechmotette von den Schülern gestaltet unter Verwendung der Übertragung von Psalm 20 aus: Karlheinz Vonderberg, Neue Psalmen für Jugendliche, Stuttgart [3]1997, 28

LIED/MUSIK

LESUNG

Texte und Informationen zu Lk 15,11-20, z.B. aus den biblischen Tagebüchern

---

10 Dieser Teil empfiehlt sich nur, wenn der Gottesdienst im Zusammenhang des Buß- und Bettages gehalten wird, sonst kann man mit dem nächsten Abschnitt ebenso beginnen.

Meine Zeit steht in deinen Händen (Unsere Zeit 41)

PREDIGT

Umkehr und Lebenskrisen

„Sorgen quälen, werden mir zu groß. Mutlos frage ich: Was wird morgen sein?" lautet ein Versteil des Liedes. Sorgen, Alltagssorgen kennt jeder. Jedenfalls leben nur die wenigsten ein ganz und gar sorgenfreies Leben, auch wenn das nach außen manchmal anders scheint.

„Gelingt es mir, den Kurs noch mit ausreichend abzuschließen? Sonst ist meine Abiturzulassung gefährdet." – „Woher bekomme ich das Geld, um den Führerschein zu finanzieren?" – „Kann ich die Freizeitzone betreten, ohne von anderen diskriminiert zu werden?" Diese drei nenne ich stellvertretend für Schülersorgen, wohl wissend, dass ihre tatsächlichen Sorgen sehr viel breiter gefächert sind.

„Wie überlebe ich die nächste Unterrichtsstunde, wo doch alle Schüler gegen mich sind?" – „Wann wird mein über den Unterricht hinaus reichendes Engagement in der Schule wahrgenommen und anerkannt?" – „Gelingt es nach dieser anstrengenden Referendarausbildung eine Stelle zu finden, die meinen Wünschen und Fähigkeiten entspricht?" Diese Sorgen nenne ich als Beispiele für das Kollegium.

„Kann ich meinen Wagen gefahrlos abstellen oder fehlt, wenn ich zurückkomme, das Radio?" – „Hoffentlich findet mein Kind kein Spritzenbesteck eines Drogensüchtigen." – „Warum bekomme ich keinen Arbeitsplatz?" – „Bei wem darf ich Weihnachten verbringen?" Das können mögliche Sorgen von Menschen in dieser Gemeinde sein.

So unterschiedlich die Sorgen klingen, haben sie doch zwei Dinge gemeinsam:

1. Die eigenen Sorgen werden subjektiv als die bedeutsamsten erfahren.
2. Die eigenen Sorgen können sich auftürmen, erdrückend wirken und die Antwort auf die Frage: „Was wird morgen sein?" in weite Ferne rücken.

In einer sorgenvollen Situation steckt auch der junge Mensch, der in die Auslegungsgeschichte des Evangelisten Lukas als der verlorene Sohn eingegangen ist:

Lukas 15,11-13a: „Ein Mensch hatte zwei Söhne. Und *der jüngere* unter ihnen sprach zu dem Vater: Gib mir Vater das Teil der Güter, das mir gehört. Und er – der Vater – teilte ihnen das Gut. Und nicht lange danach sammelte der jüngere Sohn alles zusammen und zog ferne über Land … .‟

Was bewegt einen jungen Mann, seinen Vater aufzufordern, ihm das Erbe anteilig auszuzahlen, d.h. einen Teil des Vermögens, für das der Vater in seinem bisherigen Leben gearbeitet hat? Doch in den wenigsten Fällen ist der Gedanke des Sohnes, das Erbe leichtfertig auszugeben, zu verschwenden. Nein, für so dumm halte ich den jungen Menschen nicht. Auf diesen Gedanken bringt jedoch Luther den Leser, wenn er in Vers 13b übersetzt:

„und daselbst – also in dem fernen Land – brachte der Sohn den Erbteil um mit Prassen.‟

In unserem Sprachgebrauch bedeutet *Prassen* soviel wie in *Saus und Braus leben, Geld verschwenden.* Das griechische Wörterbuch bietet als Alternative zu dem Wort *Prassen* die Übersetzung *zerstreuen* an und wirft damit ein neues Licht auf den verlorenen Sohn: Er, der das Vaterhaus verlassen hat und in ein fremdes Land gezogen ist, hat es nicht geschafft, das Erbteil zusammenzuhalten. Durch immer neue Ausgaben wurde das Erbe zerstreut, das Geld schmolz dahin. Und jetzt passt auch der Fortgang der Geschichte, Lukas 15,15-16: „Als der Sohn nun all das Seine verzehrt hatte, ward eine große Teuerung durch dasselbe ganze Land, und er fing an zu darben (15) und ging hin und hängte sich an einen Bürger desselben Landes; der schickte ihn auf seinen Acker, die Säue zu hüten. (16) Und er begehrte, seinen Bauch zu füllen mit Viehfutter, das die Säue aßen … und niemand gab es ihm.‟

Dieser junge Mensch hatte Sorgen, zunächst mit seinem Elternhaus, dann mit seiner selbst gewählten Lebensgestaltung. Seine Sorgen türmten sich schon zu Hause immer höher auf, schienen ihn zu erdrücken. Der verlorene Sohn steckte in einer Lebenskrise. Er fühlt sich bedrängt, von seinem Vater und von seinem älteren Bruder, dem Angepassten, der in den Fußstapfen des Vaters bleibt.

Ein Versuch des verlorenen Sohnes, mit der Situation im elterlichen Haus umzugehen, bestand darin, seinem Vater den Rücken zu kehren. Eine erste Abkehr, er verlässt das bis dahin schützende Heim, macht sich auf einen neuen Weg, zieht in ein fremdes Land. Der Bruch mit dem Elternhaus führt jedoch keineswegs zu einer Besserung seiner Lebensverhältnisse, schon gar nicht zu ihrer Bewältigung. Vielmehr erfährt die Krise des jungen Mannes einen weiteren dramatischen Höhepunkt und eine Umkehr: Der verlorene Sohn kehrt um zu dem Vater mit der Absicht, vor dessen Augen nicht mehr als Sohn zu gelten, sondern sich als Tagelöhner seinen

Lebensunterhalt zu verdienen. Bis hierher folge ich dem Gleichnis, obwohl der Evangelist Lukas erst später, nämlich bei der Reaktion des Vaters, seinen Höhepunkt setzt.

Ich aber lenke ihre Aufmerksamkeit auf die Krise des jüngeren Sohnes und bemühe mich mit einer Besinnung zum Wesen der Krise, die Situation des verlorenen Sohnes an die eingangs erwähnten Alltagssorgen anzuknüpfen.

Wir sprechen heute in einem vielfachen Sinn von Krisen. Wir sprechen beispielsweise von der Krise in einer Krankheit und meinen damit Zuspitzungen im Krankheitsverlauf, in denen es sich über den weiteren Ausgang zum Guten oder Bösen entscheidet. Wir sprechen von Krisen im menschlichen Zusammensein, in denen bestehende Lebensgemeinschaften zu zerbrechen drohen. Die Beziehungskrise ist dazu ein bekanntes Beispiel. Oder wir sprechen von Glaubenskrisen, in denen ein bisher als selbstverständlich vorhandener Glaube fragwürdig geworden ist und in heftigen Auseinandersetzungen wieder gewonnen oder verworfen wird. Wir kennen aber auch Krisen im makrosozialen Zusammenleben: Regierungskrisen etwa, in der der Fortbestand einer Regierung gefährdet ist, politische Krisen, in denen sich lange bestehende Spannungen bedrohlich zuspitzen. Die wissenschaftlich besonders gründlich erforschte Krise ist die Wirtschaftskrise. In der Volkswirtschaftslehre werden zu ihrer Analyse und Bewältigung vielfache Krisenmodelle bereitgestellt.

Angesichts der hier vorgestellten Vielfalt komme ich zu dem Schluss, dass es Krisen gibt, wo immer es menschliches Leben gibt.

Das Wesen der Krise besteht in der Absichtslosigkeit ihres Eintreffens und der besonderen Intensität ihres Auftretens. Durch sie ist der Fortbestand eines Lebensstranges – im ärgsten Fall sogar des Lebens insgesamt – gefährdet. Im Durchgang durch die Krise können Menschen scheitern oder infolge von Umkehr einen neuen Gleichgewichtszustand erreichen.

Ich komme zum letzten Teil meiner Gedanken mit der Frage: Welchen Beitrag leistet die Geschichte vom verlorenen Sohn für mich heute?

Die Lebenskrise des verlorenen Sohnes ist die Voraussetzung seiner Umkehr. Dies gilt sowohl für die Abkehr, das Verlassen des Elternhauses, als auch für die Umkehr, das erneute Aufsuchen des Vaters. Infolge seiner Umkehr hat der verlorene Sohn an Lebensstabilität gewonnen: Er ist bereit, für eine neue Gestaltung seines Lebensweges eigene Verantwortung, auch materielle Verantwortung, zu übernehmen. Wenn seine Krisen Voraussetzung einer neuen Lebensqualität sind, dann lautet eine wichtige Botschaft des lukanischen Gleichnisses: Lassen sie Krisen zu, verdrängen sie sie nicht dort, wo sich Probleme auftürmen. Im Durchgang durch die Krise kann es zur Umkehr kommen, auch zum Scheitern, ohne diesen Durchgang bleibt ihnen die Möglichkeit zur Umkehr verwehrt. Amen.

LIED/MUSIK

FÜRBITTENGEBET UND VATERUNSER

MUSIK

Liedquellen

Die im Text verwendeten Kurztitel stehen jeweils kursiv hinter dem Titel. Lieder, die nicht im Evangelischen Gesangbuch *(EG)*, Ausgabe Rheinland, Westfalen und Lippe, enthalten sind, sind an den anderen angegebenen Orten zu finden:

Das Kindergesangbuch, hg. v. Andreas Ebert u.a., München [8]1998. *(Kindergesangbuch)*

Feiert Jesus 1. Das Jugendliederbuch, Holzgerlingen 2002. *(Feiert Jesus)*

Franz Kett, Lieder zum Tag, 2004. *(Lieder zum Tag)*

Liederbuch für die Jugend. Geistliche Lieder für Schule und Kindergottesdienst. Stuttgart 1969. *(Liederbuch für die Jugend)*

Heut ist ein Tag, an dem ich singen kann, Kinderlieder von Detlev Jöcker, Folge 2, Münster 1987. *(Heut ist ein Tag)*

Mein Liederbuch – für heute und morgen Bd.1, hg.v. Eckart Bücken u.a., Düsseldorf [12]2001. *(Mein Liederbuch)*

Menschenskinderlieder, hg.v. der Beratungsstelle für Gestaltung von Gottesdiensten und anderen Gemeindeveranstaltungen, Frankfurt [14]1993. *(MKL)*

Mikado. Mein Liederbuch, Stuttgart 2001. *(Mikado)*

Mile male mule, ich gehe in die Schule, Neue Lern-, Spiel und Spaßlieder als Wegbegleiter durch die erste Schulzeit, Münster 1991. *(Mile male mule)*

Peter Janssens, Meine Lieder, Telgte 1992. *(Meine Lieder)*

Religionspädagogische Praxis, Heft 2 1998. *(Praxis)*

Troubadour für Gott, Würzburg [2]1991. *(Troubadour)*

Unsere Zeit steht in Gottes Hand, hg. v. Landesverband für Ev. Kindergottesdienstarbeit in Bayern, Nürnberg, o.J. *(Unsere Zeit)*

Autorinnen und Autoren

Ina-Annette Bierbrodt, Pfarrerin im Schulreferat der Vereinigten Kirchenkreise Dortmund/Lünen.

Stefan Carl, Pfarrer im Schulreferat des Kirchenkreises Soest.

Rainer Dinger, Dr. theol., Landeskirchenrat im Dezernat Bildung der Evangelischen Kirche von Westfalen.

Beate Elmer-von Wedelstaedt, Lehrerin an der Albatros-Schule Bielefeld, Förderschule mit dem Förderschwerpunkt körperliche und motorische Entwicklung.

Barbara Fischer, Pfarrerin in der Kirchengemeinde Gehlenbeck/Lübbecke.

Sabine Grünschläger-Brenneke, Pfarrerin im Schulreferat der Kirchenkreise Hattingen-Witten und Schwelm.

Hans Hallwaß, Pfarrer im Schulreferat des Kirchenkreises Iserlohn.

Markus Hentschel, Dr. theol., Pfarrer im Schulreferat des Kirchenkreises Paderborn.

Thilo Holzmüller, Pfarrer im Schulreferat der Kirchenkreise Gütersloh und Halle.

Manfred Karsch, Dr. phil., Pfarrer im Referat für pädagogische Handlungsfelder in Schule und Kirche des Kirchenkreises Herford.

Rosemarie Pohlenz, Lehrerin am Gymnasium Johanneum Wadersloh.

Christian Rasch, Pfarrer in der Kirchengemeinde Herringhausen/Herford und Schulpfarrer am Freiherr-vom-Stein-Gymnasium Bünde.

Birgit Rieger, Lehrerin am Städtischen Gymnasium Bad Driburg.

Peter Werfel, Lehrer am Söderblom-Gymnasium der Evangelischen Kirche von Westfalen in Espelkamp.

Dienst am Wort

Die Reihe für Gottesdienst und Gemeindearbeit

V&R

Band 110: Hans-Gerd Krabbe
Gottesdienstbuch zum Kirchenjahr
2006. Ca. 200 Seiten, kartoniert
ISBN 10: 3-525-59518-2
ISBN 13: 978-3-525-59518-3

Modellvorschläge in einfühlsamer Sprache für alle Sonn- und Feiertage des Kirchenjahres.

Band 108: Werner Milstein
Bestattung
2006. Ca. 144 Seiten, kartoniert
ISBN 10: 3-525-59516-6
ISBN 13: 978-3-525-59516-9

Werner Milstein stellt hier liturgische Texte vor, die die tröstende Botschaft der Bibel in die Situation von Trauer und Hoffnungslosigkeit hineinsprechen lassen.

Band 107: Iris Geyer / Maike Schmauß
Morgen ist Familiengottesdienst
(siehe folgende Anzeigenseite)

Band 106: Stephan Goldschmidt
Kasualgottesdienste mit Symbolen
2006. 150 Seiten, kartoniert
ISBN 10: 3-525-59515-8
ISBN 13: 978-3-525-59515-2

Band 105: Werner Milstein
Es ist ein Ros entsprungen
Adventsgottesdienste gestalten. Christvesper, Christnacht und ein Krippenspiel
2005. 157 Seiten, 6 Abbildungen, kartoniert
ISBN 10: 3-525-59513-1
ISBN 13: 978-3-525-59513-8

Band 104: Charlotte Scheller / Amélie Gräfin zu Dohna
Gott kommt ohne Saus und Braus
Neue Krabbelgottesdienste
2005. 192 Seiten mit zahlreichen Abbildungen und Notenbeispielen, kartoniert
ISBN 10: 3-525-59512-3
ISBN 13: 978-3-525-59512-1

Kurze, mit wenig Material vorzubereitende Kleinkindergottesdienste, die parallel zum Gemeindegottesdienst gehalten werden können.

Band 103: Armin Beuscher
Kirche Kunterbunt
(siehe folgende Anzeigenseite)

Band 102: Stephan Goldschmidt
Gottesdienste mit Symbolen
2., durchgesehene Auflage 2006. 111 Seiten, kartoniert
ISBN 10: 3-525-59510-7
ISBN 13: 978-3-525-59510-7

Band 101: Johannes Winkel
Passionsandachten 2
Auslegungen von Texten des Matthäus- und Lukasevangeliums
2004. 160 Seiten, kartoniert
ISBN 10: 3-525-59509-3
ISBN 13: 978-3-525-59509-1

Band 100: Horst Heinemann
Kindern biblische Geschichten erzählen
Eine Anleitung
2004. 198 Seiten mit Abbildungen, kartoniert
ISBN 10: 3-525-59507-7
ISBN 13: 978-3-525-59507-7

Vandenhoeck & Ruprecht

Dienst am Wort, Band 107.

Iris Geyer / Maike Schmauß
Morgen ist Familiengottesdienst

2006. 125 Seiten mit zahlreichen Abbildungen, Format 14,8 x 23,2 cm, kartoniert
ISBN 10: 3-525-59514-X
ISBN 13: 978-3-525-59514-5

Die vorliegenden Gottesdienste zu Passionszeit, Ostermontag, Muttertag, Erntedank u.a. sind Gottesdienste ohne die herkömmliche 20-Minuten-Predigt, aber mit einer klaren Botschaft. Sie kommen ohne die übliche Liturgie aus, jedoch nicht ohne das Erleben der biblischen Geschichten, auch nicht ohne eine Kurzpredigt, eine Zeit der Stille, dem Vaterunser und dem Segenskreis.

Die Gottesdienste sind zum Mitgestalten gedacht. Da sie nicht konfessionell gebunden sind, können sie komplett und ohne zeitraubende Vorbereitungen in die Praxis übernommen werden.

Armin Beuscher
Kirche Kunterbunt
Mitmach- und Familiengottesdienste

Dienst am Wort, Band 103.
Texte und Entwürfe erarbeitet, gespielt, getanzt, gesungen und gesprochen vom Kirche Kunterbunt Team
2005. 212 Seiten, kartoniert
ISBN 10: 3-525-59511-5
ISBN 13: 978-3-525-59511-4

Weihnachten, Ostern, Hochzeit oder Taufe sind seltene Gelegenheiten, an denen mehrere Generationen im Gottesdienst vertreten sind. Armin Beuscher und das »Kunterbunt-Team« wollen auch den sonntäglichen Gottesdienst so gestalten, dass er wieder gemeinsam und Gemeinschaft stiftend erlebt wird: Sie entwickeln generationenübergreifende Gottesdienste, bei denen alle, vom Krabbelkind bis zum Senior, angesprochen und einbezogen werden. Die in der Praxis erprobten Modelle, die komplett übernommen oder auch als Bausteine verwendet werden können, bieten zahlreiche Anregungen für die Ausgestaltung von Mitmach- und Familiengottesdiensten.

Die theologisch fundierten Ansprachen sind ebenso berührend wie provozierend. Die Aktionen wie z.B. Rollenspiele oder spirituelle und Gemeinschaft stiftende Elemente sind leicht umzusetzen.

Vandenhoeck & Ruprecht